高校学生思政工作探索与实践研究

郑　施　郭骏娣　梁馨月◎著

线装书局

图书在版编目（CIP）数据

高校学生思政工作探索与实践研究/郑施，郭骏娣，
梁馨月著.--北京：线装书局，2024.1
ISBN 978-7-5120-5968-9

Ⅰ.①高… Ⅱ.①郑… ②郭… ③梁… Ⅲ.①高等学
校－思想政治教育－研究－中国 Ⅳ.①G641

中国国家版本馆CIP数据核字(2024)第050241号

高校学生思政工作探索与实践研究
GAOXIAO XUESHENG SIZHENG GONGZUO TANSUO YU SHIJIAN YANJIU

作　　者：郑　施　郭骏娣　梁馨月

责任编辑：温　暄

出版发行：线装書局
　　　　　地　　址：北京市丰台区方庄日月天地大厦B座17层（100078）
　　　　　电　　话：010-58077126（发行部）010-58076938（总编室）
　　　　　网　　址：www.zgxzsj.com

经　　销：新华书店

印　　制：北京四海锦诚印刷技术有限公司

开　　本：787mm×1092mm　　1/16

印　　张：11

字　　数：201千字

版　　次：2024年1月第1版第1次印刷

定　　价：88.00元

线装书局官方微信

前　　言

　　随着科技不断的进步，社会经济的不断发展，国家逐渐认识到科学技术是发展的第一动力。少年强则国强，从而体现教育的力量。对于国家而言，只有教育水平提高，培养的人才更多，科学技术与经济水平才会提高。

　　高校思政教育是为了推动学生全面发展，有效完成高校综合教学任务，实现社会稳定发展开展的主要基础性教育，对于纷繁复杂的社会形式，开展高校思政教育面临着希望和挑战。因此，对于高校来说，在开展思政教育过程中必须要紧紧抓住历史时机，在激发高校学生学习热情的前提下，更好地发挥出高校思政教育对社会、高校以及学生发展的有利作用。

　　本书立足于新时代习近平总书记对教育的主要论述，以立德树人为根本目标，落实新时代党和国家的教育政策。主要从高校学生思政教育工作概述、教育机制、实践教学、辅导员队伍建设对高校学生思政工作进行了全面的分析，接下来研究了多媒体技术在高校学生思政教育上的应用，最后探索了互联网时代高校学生思政教育的改革路径。本书具有较深厚的理论基础，为读者提供理论的指引；又有实践的方法路径，为读者提供具体的工作参考，展现新时代大学生思政教育工作的方方面面，能成为大学生思政教育一线工作者的案边书。

　　本书参考了大量的相关文献资料，借鉴、引用了诸多专家、学者和教师的研究成果，其主要来源已在参考文献中列出，如有个别遗漏，恳请作者谅解并及时和我们联系。本书写作得到很多专家学者的支持和帮助，在此深表谢意。由于能力有限，时间仓促，虽极力丰富本书内容，力求著作的完美无瑕，虽经多次修改，仍难免有不妥与遗漏之处，恳请专家和读者指正。

目 录

第一章　高校学生思政教育概述

第一节　大学生思政教育的内涵与特征

一、大学生思政教育的理论指导——坚持马克思主义科学体系

马克思主义是一个由一系列的基本理论、基本观点和基本方法构成的完整而科学的体系。它可以分为两大部分：一是马克思主义的基本原理，二是中国化的马克思主义。坚持马克思主义对大学生思政教育的指导，是坚持用完整、准确和发展的马克思主义来指导。只有完整、准确地把握好马克思主义，用发展的观点来把握好马克思主义，才是科学地把握马克思主义。只有科学地把握好马克思主义，才能使马克思主义对大学生思政教育的指导落到实处。

（一）马克思主义基本原理

马克思主义基本原理主要由马克思主义哲学、政治经济学和科学社会主义三个部分组成。大学生思政教育以马克思主义基本原理为指导，主要是这三部分的指导。

1. 马克思主义哲学的指导

马克思主义哲学，即辩证唯物主义和历史唯物主义。它是研究自然、社会和人类思维一般规律的科学，为我们提供了科学的世界观和科学的方法论，是马克思主义全部学说的基础，是一切学科研究的根本指导思想，也是思政教育和思政教育学研究的根本指导思想。坚持以马克思主义哲学为指导，就是要运用马克思主义唯物的观点、辩证的观点、实践的观点、群众的观点、阶级的观点、社会矛盾的观点，以及科学的方法为指导，来分析和解决大学生思政教育中的问题，来构建大学生思政教育的科学理论体系。

2. 马克思主义政治经济学的指导

马克思主义政治经济学揭示了资本主义的基本矛盾，论述了生产力和生产关系辩证统

一的理论，阐明了经济关系和物质利益的原理，科学地解释了人们从事社会实践活动的物质动因。马克思主义的物质利益观要求大学生思政教育要与大学生的利益相结合而不是相分离。这就为大学生思政教育解决大学生的实际问题提供了理论依据。

3. 科学社会主义的指导

科学社会主义理论分析了资本主义生产关系，发现了剩余价值，从而彻底地揭示了资本主义的剥削实质及其产生、发展和灭亡的规律，科学地论证了社会主义代替资本主义的历史必然性，这就为大学生思政教育规定了根本的目的和任务。大学生思政教育要以科学社会主义理论为指导，引导大学生树立社会主义思想意识，坚持社会主义方向，牢固确立建设中国特色社会主义的共同理想和实现共产主义的坚定信念。这是大学生思政教育坚持科学社会主义理论指导的根本原因所在。

（二）当代马克思主义中国化

当代马克思主义中国化，即毛泽东思想、邓小平理论、"三个代表"重要思想、科学发展观和习近平新时代中国特色社会主义思想。中国化马克思主义，是马克思主义基本理论和中国革命与建设实际相结合的理论成果，是中国共产党人领导中国人民创造的精神财富，是在中华民族传统文化基础上发展起来的先进文化，是我国获得独立与解放、建设与振兴的理论指南，是与时俱进的马克思主义。

要建设中国特色社会主义，开展大学生思政教育，不仅要用马克思主义基本原理指导，而且还应当用"具体的马克思主义"来指导。中国化的马克思主义对大学生思政教育的指导是系统而全面的指导，不仅包括对大学生思政教育的方向、目的、地位、任务、内容、范畴、功能、原则、对象、方法、创新的指导，也包括对如何加强大学生思政教育队伍的管理与建设、加强大学生思政教育的环境建设、加强和改善大学生思政教育领导的指导等等，这种指导的内容十分丰富。

二、高校思政教育的基本特征

（一）开放性特征

全球化是当今时代的重要特征和必然趋势。全球化时代的高等教育是一种开放式教育，在这一背景下，大学生思政教育无论是环境、过程，还是内容的开放性越来越显著。突出表现在：在中外政治、经济和文化交流活动日益频繁的形势下，不同国家的高校思政教育可以求同存异和相互借鉴；高等教育和社会之间的界限逐渐变得模糊起来，高校思政教育更加贴近社会实际生活；大学生自觉地把自己融入社会中去，各种社会思潮在当代大学生身上都有不同程度的表现；高校的改革和发展必须接受市场的检验和选择，高校和社会之间共生互动的新格局正在形成。高校思政教育只有与全球教育发展的历史趋势相适应，与社会主义市场经济建设的进程相协调，与当代大学生的全面发展相结合，发扬与时俱进和求真务实的精神，才能永葆生机和活力。

高校思想政治理论课开放性教学的特征主要表现在以下几方面：

1. 人本性

"人本性"是相对"物本性""神本性"而言的。"以人为本"强调人的价值高于物的价值和神的价值。从价值论视角看，坚持"以人为本"强调人的价值的至上性。马克思主义坚持以最广大人民即绝大多数人为本，坚持以解放全人类、促进每一个人自由全面发展为最终目标。高校思想政治理论课开放性教学是以马克思主义"人本论"为理论基础的。

高校思想政治理论课不同于一般的专业课程，它的主要任务是培养大学生的思想政治素质，增强大学生的主体性，这就决定它必须坚持马克思主义的"人本论"。高校思想政治理论课开放性教学的"人本性"主要体现在以下几个方面：第一，体现在它把"以学生为本"作为核心理念。"以学生为本"这一理念是构建高校思想政治理论课开放性教学的理论基石，是贯穿这一教学模式的中心线索，是渗透于这一教学模式的精神灵魂，是决定这一教学模式性质的精神实质。第二，高校思想政治理论课开放性教学的"人本性"体现为教学方法的人本性。它要求思想政治理论课教师在教学中要关心学生、爱护学生、尊重学生、体贴学生、帮助学生、引导学生，而不能压制学生，更不能打骂学生、贬低学生、损害学生。第三，高校思想政治理论课开放性教学的"人本性"还体现在教学是为了满足学生的精神文化需求，促进学生全面发展。

2. 科学性

"科学"与"人本"是两种不同的价值取向，科学的价值取向是求真，人本则是求善；科学属于合规律性，人本属于合目的性。高校思想政治理论课开放性教学新模式不仅具有人本性，而且具有科学性，是求善与求真的统一、合目的性与合规律性的统一。高校思想政治理论课开放性教学具有科学性主要是因为它是以科学理论为依据，以科学实践为基础，以科学精神为指导，运用科学方法建构起来的。

第一，高校思想政治理论课开放性教学是在坚持科学立场的基础上建构起来的。科学立场即实事求是的辩证唯物主义立场。高校思想政治理论课开放性教学是建立在科学立场上的。它要求教师在思想政治理论课教学中，坚持一切从实际出发，按客观的教学规律办事，求真务实，做到"不唯书，不唯上，要唯实"。

第二，高校思想政治理论课开放性教学是以科学理论为依据的。马克思主义理论是人类历史上最科学的世界观和方法论，是追求真理、探索真理，揭示客观规律的行动指南。高校思想政治理论课开放性教学就是以马克思主义为理论基础的，马克思主义关于"以人为本"的思想是"以学生为本"这一新的教学理念的哲学基础。马克思主义既是科学的世界观，又是科学的方法论。高校思想政治理论课开放性教学就是以马克思主义为指导，运用马克思主义的科学方法论建构起来的。高校思想政治理论课开放性教学不仅以马克思主义为理论基础，而且批判地吸收了现代西方教学理论中的合理成分，比如人本主义教学论、建构主义教学论等都为思想政治理论课开放性教学提供了科学的理论依据。

第三，高校思想政治理论课开放性教学是一个完整的科学体系。它由"一个核心理念"与"三个基本要素"所构成，层次清楚，逻辑严密，具有系统整体性特征。离开了系统整体性，就不能成为一个科学体系。高校思想政治理论课开放性教学新模式是一个有机的整体，"一个核心理念"与"三个基本要素"有机结合，缺一不可。

第四，高校思想政治理论课开放性教学采用了科学方法。高校思想政治理论课开放性教学运用了马克思主义的科学方法论。唯物辩证法是分析问题和解决问题的科学方法论。这一教学模式正确处理了教师指导主体与学生学习主体的辩证关系、科学性与人本性的辩证关系、教学管理与人文关怀的辩证关系、校园内部环境与外部环境的辩证关系、传统教学手段与现代教学手段的辩证关系、传承科学文化与创新科学文化的辩证关系、传统思维方式与创新思维方式的辩证关系，充分体现了唯物辩证法的思维方法。此外，还采用了现代科学方法，比如系统科学方法、创新科学方法等。

3. 和谐性

"科学性"的价值取向是"求真"，"人本性"的价值取向是"求善"，"和谐性"的价值取向是"求美"。高校思想政治理论课开放性教学的"科学性""人本性""和谐性"等特点，体现了其价值取向的多样统一性，实现了"真、善、美"的有机统一。高校思想政治理论课开放性教学具有和谐性的特点。

(二) 社会性特征

高校社会化是高校回应市场经济发展的时代取向，也是彰显高校价值的重要途径。高校社会化不仅包括开放办学、事业发展、教育教学实践、社会服务、科学运作的社会化，而且包括高校后勤工作的社会化。其中，后勤社会化对高校思政教育的影响最大，使高校思政教育社会化的程度越来越明显。突出表现在：社会大环境与校园小环境之间呈现立体式的交叉渗透、动态式的交流合作的格局，尤其是校园周边环境对大学生的思想发展具有重要的影响；各种教育教学基地、爱国主义教育基地、社会实践基地等教育资源建立起来并发挥着积极作用，社会实践成为大学生思政教育的重要组织形式。高校思政教育只有自觉地融入丰富多彩的社会生活中去，才能真正实现内容、方法、途径、机制和体制的创新，才能有效地促进青年全面健康成长。

高校社会化的出现，对大学生的生活方式、交际方式、思维方式和价值取向会产生重大而深刻的影响，使得高校思政教育比计划经济时代更加复杂。在高校思政教育社会化的过程中，要从大学生的思想实际出发，积极探索高校思政教育的新内容、新方法、新手段和新机制，力争在教育思想、教育宗旨、教育模式上有所创新和突破。要积极开展具有民族特色和地方特色的大学生社会实践活动，比如开展贯彻习近平新时代中国特色社会主义思想和增强共产党员先进性教育的宣传活动，以实际行动落实科学发展观的活动，积极开展具有区域和专业特点的大学生实践活动和青年志愿者活动、各种社会公益活动和勤工助学活动，通过实际体验增强践行习近平新时代中国特色社会主义思想的坚定性、自觉性和积极性。同时，在高校思政教育社会化过程中，要始终保持正确的政治意识、大局意识、核心意识、看齐意识。高校思政教育的社会性和阶级性是一致的。只有保持阶级的先进性，才能确保社会性的正确方向；只有回归到社会生活中去，才能使阶级性落到实处。

（三）信息化特征

人类已进入了信息化时代。信息技术使人类的物质文明、精神文明和政治文明已发生巨大而深刻的变迁。信息生活成为大学日常生活的重要组成部分，并全方位地改变着大学生的日常生活、生活方式、思维方式和价值观念，高校思政教育信息化是时代发展的客观趋势，也是高校思政教育创新的必然举措。突出表现在：教育信息的海量化和更新的快捷性，网络空间的信息资源远远超过了传统的资源，而且更新的速度惊人；教育载体的开放性和参与性，网络载体是一个高度开放的新兴载体，任何人在其中都可以平等地进行教育和接受平等的教育；教育实践的隐蔽性和人际情感的间接性，网络教育是一种非面对面的间接性教育，人们可以借助网络接受知识、获取信息、交流情感，避免了人与人之间面对面的接触。适应高校思政教育信息化的要求，传统思政教育必须实现与信息化的整合，探索新的教育模式。

针对高校思政教育信息化的新特点，一方面要用马克思主义的基本立场、观点和方法对网络文化的"双刃性"进行全面、科学、深入的分析，弘扬主旋律，提倡多样化，坚持高校思政教育社会主义方向不改变；另一方面要正确认识信息化的具体特点和功能，发挥信息技术的优势，提高大学生思政教育的技术含量和效益。在教育宗旨上，以造就社会人格为本位；在教育主题上，以弘扬主体性为旨归；在教育机制上，以构建网络阵地为重点；在教育方法上，以现代化为取向。在构建高校思政教育信息化教育模式的过程中，要正确处理信息化教育和传统教育、自律教育和他律教育以及全球化和民族性之间的关系。

（四）创新性特征

创新是历史进步和人类自身发展的永恒动力，创新精神是时代精神的集中体现。高校在全民族创新体系建设中承担着重要历史使命，大学生思政教育创新是高校创新的重要内容，创新性是新时代高校思政教育的重要特征。

大学生思政教育的创新包括观念、内容、方法、手段、机制等方面，通过上述方面的创新，目的是实现高校思政教育由传统向现代的全面转型。在教育观念创新上，要实现封闭式教育向开放式教育转变，由补救式教育向前瞻式教育转变，由隐性教育向显性教育转变，由模式化式教育向个性化教育转变；在教育内容创新上，要加强习近平新时代中国特色社会主义思想教育、全球化教育、创新素质教育、人文素质教育和个性化教育；在教育手段创新上，要充分利用现代教育技术发展的成果整合高校思政教育资源，实现高校思政教育的科技化；在教育方法创新上，要把灌输法和体验法相结合，他教法和自教法，相结合，激励法和人格法相结合，传统教育法和现代教育法相结合；在教育机制创新上，要建立科学的管理机制、充分的保障机制、有效的激励机制和全面的评估机制。在高校思政教育创新过程中，要注意借鉴中国传统道德教育的精华，继承和发扬党的思政教育的优良传统，同时要辩证地汲取国外大学生思想道德教育的有益成分。

（五）人文性特征

现代化的关键是人的现代化，社会主义的本质是人的全面发展。以人为本的科学发展观的提出，标志着中国共产党对人类社会发展规律认识得更加自觉，这对新时代各项工作都具有重要的指导意义。高校思政教育已树立了以学生为本的观念，把教育学生和关心学生结合起来，把塑造学生和服务学生结合起来，把校园文化建设和学生的健康成才结合起来，紧密围绕学生的成长和成才来进行，这充分反映出对学生的人文关怀，体现出人文性的特点。

重视对大学生的人文关怀，必须从当代大学生的思想实际出发，树立民主、平等、沟通和协商的新观念，把高校思政教育工作做细、做活、做实。要结合全球化对我国的复杂形势和全面建成小康社会对当代青年提出的新要求，引导青年树立正确的世界观、人生观和价值观，使其成长为中国特色社会主义事业的合格建设者和可靠接班人。要深入细致地研究当代青年思想中的热点、难点和疑点问题，提高他们的人文素质，培养他们的人文精神。要加大校园文化建设的力度，通过各种形式的校园文化活动营造健康、文明、向上的生活氛围。要不断延伸高校思政教育的覆盖面，使思政教育工作进公寓、进社团、进网络。要针对不同层次的学生开展不同形式的教育，努力使所有学生都能健康成才。要把党的建设工作和学生的思想政治工作结合起来，要做好在先进青年中发展党员的工作，实现高年级学生"支部建在班上"的目标。大学生思政教育一直是我国高校教育的重点内容，它可以引导大学生树立正确的世界观、人生观和价值观。大学生思政教育的内容、方法、对象特点等会随着社会进步而不断变化，因此只有保证时代性才能保证教育的有效性。

三、大学生思政教育的新局面

当前的大学生思政教育关键要把握"六个意识"，即战略意识、特色意识、服务意识、创新意识、规律意识、系统意识。

（一）战略意识

战略意识，就是要有将大学生思政教育工作放置到战略高度来认识的意识。大学生思政教育不仅关系到人才培养和中华民族伟大复兴中国梦的实现，更关系到坚持和发展中国特色社会主义这篇大文章的续写，无论是民族复兴，还是坚持和发展中国特色社会主义，没有能离开人才而成功的，但由什么样的人扛起中国特色社会主义的大旗，关系到这面旗帜能不能"立"、能不能"飘"的问题。因此，我国高等教育肩负着培养德、智、体、美、劳全面发展的社会主义事业建设者和接班人的重大任务。面对当前对大学生思政教育工作重要性认识不到位的问题，只有站在战略高度才能深刻认识这一工作的极端重要性，而只有认识其极端重要性，才能切实深入地推进这项工作。

（二）特色意识

特色意识，就是要有把大学生思政教育工作放置于我国独特的历史、文化和国情上来理解的意识。一方面，要把我国高等教育、人才培养及思想政治工作放置于历史的宏大视野中去认识，才能更清醒地认识其特殊性；另一方面，从现实维度来看，我国具有独特的国情——中国共产党的领导。中国共产党的执政地位和领导地位是历史和人民的选择。我国的高校是党领导下的高校，是中国特色社会主义的高校。办好高校，必须坚持正确的政治方向，必须坚持以马克思主义为指导。只有深刻把握我国独特的历史、文化和国情，牢固树立特色意识，才能树立正确的历史观，才能深刻理解大学生思政教育工作的必然性，才能破除思想障碍、化解心理疙瘩、提振工作信心，做好大学生思政教育工作。

（三）服务意识

服务意识，就是要树立我国高等教育是为了服务人民、服务现实的意识。我国高等教育要做好"四个服务"，即为人民服务、为中国共产党治国理政服务、为巩固和发展中国特色社会主义制度服务、为改革开放和社会主义现代化建设服务。"四个服务"集中体现了个人价值与社会价值的有机统一。马克思曾说，人的本质是一切社会关系的总和。个人成长成才离不开社会，社会进步也需要每个人的努力。正因如此，我国文化传统中始终更强调集体和社会的作用。纵观我国历史，那些有志之士，无不有经世致用、以天下为己任的情怀。虽然他们也非常看重个人名誉，但都将其建立在建功立业之上，从而实现了个人价值与社会价值的有机统一。这是无法隔断的文化传统，也是不该丢弃的文化精神。大学生正处于世界观、人生观和价值观的确立阶段，对大学生思政教育工作而言，就是要牢记"四个服务"，将服务意识融入大学生"三观"的形成过程，引导他们正确树立"三观"。

（四）创新意识

创新意识，就是要有立足主客观环境变化，不断改革思想政治工作的意识。做好高校思想政治工作，要因事而化、因时而进、因势而新。要紧紧围绕高校思想政治工作中存在的突出问题，以创新为"支点"，撬动传统思想政治工作模式。中国共产党历来重视高校的思想政治工作，但随着时代变化，主客观环境都已发生变化，这种情况下，高校传统的思想政治工作手段、方法、内容等已无法适应新形势的需要。因此，需要广大思政教育工作者培养创新意识，打破思维定式，跳出思维惯性，结合实际情况，创新工作方法、改革教育内容、完善激励机制。唯有创新，才能使高校思想政治工作跟上时代步伐，重新焕发活力。

（五）规律意识

规律意识，就是要有尊重客观规律、按规律办事的意识。思想政治工作从根本上说是做人的工作，而人在有思想、观念、情感、个性的同时又具有社会性，这就使其有了特定的复杂性。然而，从中国共产党非常成功的思想政治工作实践得知，只要善于发现和运用规律，再难之事也是可以做好的。大学生思维活跃、视野开阔、个性鲜明，对新鲜事物具有很强的好奇心，尤其当前，信息来源和传播渠道多元化，信息真假难辨，这些信息容易对大学生的"三观"产生重要影响。因此，大学生思政教育工作要遵循思想政治工作规律，遵循教书育人规律，遵循学生成长规律。唯有把握规律，积极引导，才能培育大学生理性平和的健康心态，才能让大学生成为德才兼备、全面发展的人才。

（六）系统意识

系统意识，就是要有将大学生思政教育工作看作一项系统工程的意识。系统具有鲜明的整体性、关联性、层次结构性、动态平衡性，抓好大学生思政教育工作必须具备系统意识。首先，要把大学生思政教育工作与人才培养、中华民族伟大复兴、中国特色社会主义事业的坚持与发展结合起来认识。其次，要把大学生思政教育工作与我国独特的历史、文化国情相结合，从这个系统看待我国大学生思政教育工作，就能认识到其深厚的历史依据、文化依据和现实依据。再次，要把专业教学、党团活动日常管理、思想理论政治课程教学等工作纳入同一个体系来认识，做到相互配合、共同促进，形成合力，新时代思想政治工作才会更有成效。

四、大学生思政教育的拓展方向

近年来的社会发展给大学生思政教育工作提出了许多新的要求。在教育要面向现代化、守正出新、面向未来的基本要求下，基于社会科学和自然科学的快速发展，大学生思政教育必须不断进行拓展，跟上时代发展的节奏。从当前社会发展的需要来看，大学生思政教育的拓展方向主要有以下几方面：

（一）向宏观领域的拓展

在国内层面，大学生思政教育工作紧紧围绕"三步走"国家建设战略的发展需要，以社会主义建设、全面建成小康社会作为基本需要，突出社会问题在大学生思政教育内容中的地位，引发学生关于社会建设的思考。也就是说，大学生思政教育深深植根于社会活动中，不断依据当前社会活动的内容，开辟新的领域，将一些重要的社会环境问题、生态文明建设问题融入现代大学生思政教育中。这些内容的融入必将推动大学生思政教育工作的进步，实现大学生思政教育的新发展。

在国际层面，我国现在已发展成为一个世界性的大国，改革开放程度不断加深。作为大学生思政教育工作者，应该积极培养面向世界的人才，使其具有作为一名世界公民应具备的思想、道德和心理素质。面对世界上各种文化与价值观的冲击，大学生思政教育应不断提高教育对象的分析和鉴别能力，使其具有正确价值观、人生观、世界观的思想基础。

面对竞争，要有包容的、自信的心理素质，自强不息，勇于拼搏。对于大学生来说，这些素质比过去要求得更高、更全面。

（二）向微观领域的拓展

微观领域是指大学生思政教育工作要进入大学生的内心世界。微观世界同宏观世界是一个联系的整体。宏观世界的种种变化最终都会在微观世界之中有所响应。大学生思政教育在向宏观拓展、向未来拓展的同时，还要注意到同人们内心世界的联系、同微观世界的联系。内心世界非常复杂，如同一个黑箱，让人们无法窥探。内心世界也极具规律，通过深入研究，人们能够把握其中的发展规律，引起内心世界的共鸣。每一个人的内心世界都承受着外界环境的巨大压力，随着外界信息的不断增加，人们的内心世界会做出不同程度的变化，有的可能积极向上，有的则可能悲观失望，甚至有心理疾病产生。针对这一问题，大学生思政教育就必须有所预防，把握内心世界的发展规律，有针对性地做出调整，不落下任何一个大学生，使他们提高自己的心理素质，能够正视外界的变化。

研究人们的内心世界变化规律，其中一个重要的任务就是开发人力资源，不断挖掘大学生的潜能，使其能够对外在世界的发展变化做出应对，为中国特色社会主义建设服务。挖掘大学生的潜能，就要认真探索大学生思政教育心理学的规律，将外在的思想内化为大学生的心理认识。

（三）向未来领域的拓展

现代信息技术的发展、物质生活水平的提高、社会竞争压力的增加，使得大学生思政教育面临的社会环境变得越来越复杂。

一方面，社会节奏不断加快，一些社会成员无法适应，他们将会给社会的发展带来一些不安定因素，从而造成社会思想的动荡，影响到大学生；另一方面，在竞争压力之下，不良生活习惯给大学生的消费观带来一些负面的影响。在这种环境下，必须对大学生思政教育工作给予重视，面向大学生的未来发展，针对他们发展中出现的各种问题，及时给予纠正。

另外，大学生思政教育要积极利用新的科学技术，针对科学技术所可能做出的变化，提前做好准备。从当前来看，大数据即是其中一个重要的技术。面对大数据，大学生思政教育工作要提升教育队伍的素质，具备一定的数据意识和科技意识，利用数据信息引导大学生。大学生思政教育工作还要将大数据作为一项重要的教学内容融入大学生思政教育工作之中，要求大学生同样具备一定的数据意识，以适应未来社会的发展。

针对科技发展带来的变化，大学生思政教育还要加强阵地建设。利用现代科技有针对性地预防腐朽思想的侵蚀。一些腐朽势力同样会利用科技进行信息传播。针对这一实际情况，大学生思政教育要做出有针对性的回击，利用科技手段和大学生思政教育的优势向广大青年宣传党的理论、方针、政策，使其具备社会发展所需要的各种素质。

大学生思政教育工作面向未来，还要正确地预测未来，针对未来的发展趋势，做出有针对性的调整，以实现大学生思政教育的基本目标和任务。

第二节 大学生思政教育的目的与任务

一、大学生思政教育的目的分析

（一）确定思政教育目的的依据

思政教育的目的不是人们主观随意确定的，而是社会存在和发展的反映。思政教育目的受到许多因素的影响，一个目的的形成往往是多种因素综合作用的结果。然而，各个因素对思政教育目的形成的作用是不平衡的，这就要求必须抓住主要因素，恰当地确定思政教育目的。

1. 社会生产和科学技术发展的客观要求

思政教育作为一种社会实践活动，要为社会的发展和进步服务，其目的就必须反映社会发展的客观要求，必然受到一定社会历史条件的制约，也就是要受到生产力与科技发展以及社会经济、政治制度的制约。

社会生产和科学技术发展是确定思政教育目的的基础。马克思主义认为，社会发展最终是由生产力推动的。生产力的发展不仅为教育对象的体力、智力以及思想道德素质的发展创造了条件，而且也对教育对象各方面的发展提出了更高要求。从这个意义上讲，思政教育目的最终为生产力发展水平所制约；随着生产力水平的提高和科学技术的迅猛发展，这种制约作用越来越大，相应地，思政教育目的的水平也将越来越高。人类历史发展进程表明，生产力和科学技术的发展水平不同，社会对受教育者思想品德的要求就不同。今天，知识经济和信息化已成为社会的重要特征，社会生产、管理越来越科学化、知识化、信息化和智能化，文化趋向多元化，这不仅对社会成员的文化与科技素质提出了新的要求，而且对其思想道德素质也提出了更高的要求，思政教育因此必须加大对教育对象道德价值评判与选择能力的培养，这应成为新时代思政教育目的的重要内容。

一定社会的生产关系以及由此而产生的社会经济、政治制度对思政教育目的的规定起着直接的决定性影响。在阶级社会里，不同阶级由于其经济利益和政治利益的不同而有不同的教育目的，其中统治阶级的教育目的反映了统治阶级的经济和政治利益，在社会上占有统治地位。思政教育作为一种重要的教育实践活动，是一定的阶级或政治集团，为实现一定的政治目标，有目的地对社会成员施加影响，使其形成本阶级所需的思想品德的社会实践活动。因此，思政教育目的为一定社会的经济、政治制度所决定，在阶级社会中具有鲜明的阶级性。

由于中国共产党的奋斗目标反映了我国社会发展的客观要求，因而依据社会发展的水平和要求确定思政教育目的，在我国就具体表现为要依据党的奋斗目标来确定，思政教育目的应同党的奋斗目标保持一致。党的最终目标是要实现共产主义的社会制度，这一目标决定思政教育的根本目的就是要用共产主义思想教育、动员和激励受教育者为实现共产主义努力奋斗；在奋斗的过程中，不断提高自己的思想道德素质，使自身得到全面发展，成为社会主义新人。当然，实现共产主义的社会制度，要经过长期艰苦的奋斗历程和许多阶段，党在每个阶段的奋斗目标既有联系又有区别。思政教育要以共产主义思想为指导，根据不同阶段党的奋斗目标来确定不同时期思政教育的目的。同时，党在一定阶段的奋斗目标要分解到各领域各部门，党在各领域各部门的具体目标也各有不同。各领域思政教育的目的就必须与党在该领域的奋斗目标保持一致，以便使各领域的思政教育目的落到实处。当前，思政教育要围绕实现社会主义现代化的奋斗目标来确定思政教育目的。思政教育领导部门和教育者一定要准确把握党的基本路线，明确党在新时代的奋斗目标及实现这一目标的战略部署，以组织和动员全体人民共同为实现社会主义现代化而奋斗。

2. 受教育者精神世界发展的现实需要及思想实际

作为塑造人的社会实践活动，思政教育不是一种单向度地向受教育者施加影响的活动，而是教育者与受教育者双向互动的过程。作为对教育对象思想品德的要求，思政教育目的必须充分考虑到受教育者精神世界发展的现实需要及其思想品德实际。

思政教育要达到提升人的精神品质和促进人的全面发展的目的，必须尊重和了解受教育者的需要，否则就会使受教育者失去接受教育和自我教育的动因。因为需要是人生命活动的内在根据和社会发展的原动力，思政教育只有遵循人的需要发展的规律，才能获得根本的动力支持。在社会主义社会中，受教育者在成长的过程中，会有多种多样的精神需要，如学习的需要、较高的道德修养的需要、政治进步的需要、和谐的人际关系的需要、尊重与荣誉的需要、自我成就的需要、才能发挥的需要等。只有满足受教育者的这些需要，思政教育才会产生好的效果。因此，确定思政教育目的，必须考虑教育对象多角度多层次的精神需要。唯有如此，才能真正引导教育对象的内在精神需求得到积极的正向的发展，思政教育目的也才能为教育对象所真正接受，内化为他们的个人目标，成为其行动指南。前述我国思政教育的根本目的已内在地包含着满足教育对象精神世界发展需要的内容，具体目的的确定也必须考虑这一因素，这是确定思政教育目的的内在要求。

在确定思政教育目的时，还必须考虑教育对象思想品德的实际状况。在现实的思政教育活动中，教育对象是分为不同类型不同层次的，不同类型不同层次教育对象的思想状况又是有差别的。这就要求在确定思政教育目的特别是具体目的时，要充分考虑教育目的与教育对象思想状况之间的紧密联系，考虑教育对象的接受可能性，以恰当地确定思政教育目的。如果忽视受教育者的思想实际，就有可能把具体目的定得过低或过高，从而影响思政教育的成效。教育对象的层次性，决定了思政教育目的的层次性。在统领全局的思政教育根本目的的指导下，思政教育的具体目的应该也必须是多层次的。思政教育者必须根据具体教育对象思想品德的实际来确定各行业、各部门、各单位思政教育的具体目的。

上述两方面依据相互联系、相互制约，从不同侧面对思政教育目的提出了要求。在确定思政教育目的时，不能将其分割开来，而应将其视为一个整体，力求使教育目的同时满足上述两个方面的要求。

（二）思政教育目的的主要特征

1. 方向性与客观性的统一

思政教育目的的方向性特征是由目的的方向性所决定的。在确定思政教育目的时必须保证其方向的正确性。因为思政教育目的方向的正确与否直接关系到思政教育活动的性质和实际效果。具体来说，我国思政教育的目的必须充分体现社会主义的性质和发展方向，必须为社会主义现代化建设事业服务，为实现党和国家发展战略服务，为人的全面发展服务。同时，思政教育的目的又必须以社会生活条件和教育对象的思想实际为前提和基础，这是思政教育目的客观性的突出表现。在确定思政教育目的时，必须将方向性和客观性有机统一起来。

2. 一元性与多元性的统一

思政教育的根本目的是一元的，即提高全体社会成员的思想道德素质，促进人的全面发展，这是由我国社会主义制度和思政教育的性质所决定的。

具体目的则是多元的，具体目的的多元性，首先是由思政教育对象的层次性所决定的。在现实生活中，教育对象的情况千差万别，因而对不同教育对象如工人、农民、公务员、教师、学生等进行思政教育，具体目的理所当然应该有所不同。即使是对同一类型教育对象进行思政教育，由于其个体具体情况不同，具体目的也应有差异。只有根据不同教育对象的实际情况确定思政教育的具体目的，才能使具体目的更贴近教育对象的思想实际，而不致空泛、不着边际。

其次是由党在不同领域不同部门的具体目标所决定的。现阶段党的奋斗目标是实现社会主义现代化和中华民族伟大复兴，在全面建成小康社会的基础上，分两步走在本世纪中叶建成富强民主文明和谐美丽的社会主义现代化强国，以中国式现代化推进中华民族伟大复兴。这个奋斗目标要分解为各个领域各个部门的具体目标，各领域各部门的思政教育都要为实现这些具体目标而努力。这样，不同领域不同部门乃至不同单位，其思政教育的具体目的就必然呈现出一定的差异性。

总之，由于教育对象的思想特点随着社会的变迁而变化，由于党在各个历史时期的具体奋斗目标不同，思政教育在不同历史时期就会有不同的具体目的。换言之，思政教育的具体目的随着社会历史条件的变化而变化，具有历史性。在社会生活发生变化以后，应该适时地提出新的具体目的，引导受教育者与时俱进，不断提高其思想道德素质。

3. 超越性与可行性的统一

思政教育目的的超越性主要表现为两个方面：一是思政教育对社会生活应保持一定的超越性，思政教育目的要求应高于教育对象的现实的思想品德水平。进行思政教育是要解决社会要求的思想品德规范与受教育者现有思想品德水平之间的矛盾，如果思政教育目的缺乏超越性，那就无法完成这一任务，思政教育也将失去存在的意义。二是思政教育目的产生于思政教育活动之前，具有时间上的超前特性。

思政教育目的不仅应具有超越和超前的特点，还应具有可行性特征。也就是说，在确定思政教育目的时，应充分考虑社会发展及教育对象思想品德发展的实际。思政教育目的是对思政教育对象影响的预期，要实现这一预期，必须考虑到思政教育的客观条件，考虑到教育对象的接受状态。如果思政教育目的及其指导下的教育活动不能进入教育对象接受的阈限，思政教育目的就会被教育对象束之高阁，难以发挥作用。

超越性与可行性是思政教育目的的既有区别又紧密联系的两种特性。超越性建立在可行性的基础上，可行性则受到超越性的制约，两者是有机统一的。

(三) 思政教育目的的类别划分

思政教育目的，是指通过思政教育活动，在受教育者的思想和行为方面所期望达到的结果。换言之，思政教育目的是教育者依据社会发展的要求、受教育者精神世界发展的需求等对受教育者思想品德方面的一种期望和规定。思政教育目的是开展各项思政教育活动的依据和动力，体现出思政教育的价值取向。

思政教育目的不是单一的，而是集合的，是一个目的体系，可以根据一定标准从不同角度进行分解，将其分为不同的类别和层次。

1. 按照地位划分

按照目的在思政教育目的体系中的地位可以分为根本目的与具体目的。

我国的思政教育以共产主义为方向，直接作用于人的思想品德，是培养人的思想道德素质的活动。思政教育的这一性质规定了我国思政教育的根本目的是提高人们的思想道德素质，促进人的自由全面发展，激励教育对象为建设中国特色社会主义、最终实现共产主义而奋斗。这一根本目的包含相互联系的两个方面：

一是提高教育对象的思想道德素质。思政教育是满足人们精神世界发展需要的一种方式，是提升人的精神品质的社会实践活动，提高人的思想道德素质是这一活动的内在目的。进行思政教育就是要使受教育者具备良好的思想道德素质，如崇高的理想、优良的品德、强烈的事业心和责任感、坚强的毅力、严格的纪律等。而较高的思想道德素质不仅是人们其他方面发展的保证，而且是人们发挥参与现代化建设积极性的内在基础。可见，提高受教育者的思想道德素质，可以更好地激励其为建设中国特色社会主义、实现共产主义努力奋斗。

二是促进人的自由全面发展。人的自由全面发展既是共产主义的理想目标，也是社会主义的本质要求。社会主义的本质是解放生产力、发展生产力，最终落脚点是人的自由全面发展，而这正是思政教育的终极目的。思政教育是通过人这个中介作用于社会生活的。只有促进人的自由全面发展，才能使受教育者更积极、更主动地投身于中国特色社会主义建设事业中，也才能为共产主义的实现准备更充分的条件。

思政教育的根本目的是思政教育的最高目的、终极目的，比较原则，不具体，只是指明了思政教育活动的方向。但这并不是说根本目的是虚设的、不起作用的。根本目的是思政教育的灵魂，是长久起作用的目标，是团结和动员思政教育者及受教育者共同奋斗的旗帜。没有这面旗帜，思政教育就会改变性质。因而这一根本目的对于思政教育具有极其重要的意义，它规定了思政教育的共产主义方向，思政教育的一切活动都要符合这个根本目的。

思政教育的根本目的可以看作长远目标，它要经过人们长期的努力奋斗才能达到。在思政教育过程中，这一长远目标一般须经过多层次分解，成为一个个具体目的，指导思政教育的具体活动。通过一个个具体目的的实现，才能一步步向长远目标迈进。可见，具体目的是根本目的的具体化，其作用在于把思政教育任务落实到思政教育机构或教育者个人身上，故又可称之为操作目标。思政教育活动的大部分内容都是由相关机构或教育者完成操作目标，因而具体目的对于思政教育来讲也是很重要的。

2. 按照作用对象划分

按作用对象，思政教育目的可以分为个体目的与社会目的。

思政教育的个体目的，是指通过思政教育活动，在教育对象个体思想和行为方面所期望达到的结果。包括心理素质目的、思想素质目的、道德素质目的和政治素质目的等。心理素质目的是基础，思想素质目的是前提，道德素质目的是重点，政治素质目的是核心。思政教育的社会目的，是指通过思政教育活动，在全体社会成员的思想和行为方面所要达到的预期效果。社会目的比个体目的层次更高，包含了政治目的、经济目的和文化目的。政治目的是实现经济目的的根本保证，决定着文化目的的性质和内容；经济目的是政治目的和文化目的的基础；文化目的受政治目的和经济目的的制约，但又是政治目的和经济目的实现的必要条件。思政教育社会目的对思政教育个体目的起主导和支配作用，决定个体目的的形成、发展和实现；而个体目的又是思政教育社会目的实现的基础。

3. 按照时限划分

按照时限，思政教育目的可以分为远期、中期、近期目的。

远期目的又可称作长远目的，是指经过相当长时期的持续努力方能实现的思政教育目标，从某种意义上可看作在一个长时期内要完成的基本任务。它反映的是社会发展的客观趋势和受教育者精神世界发展的长远需要，对思政教育活动具有长远的指导意义。远期目的的作用在于能够给思政教育活动指明具体的前进方向和奋斗目标；没有远期目的，思政教育的根本目的就会变得渺茫，思政教育活动就会失去方向。

思政教育的中期目的是指需要经过较长时间的努力才能实现的思政教育目标。它实际上是将远期目的提出的基本任务做进一步划分，使之具体化，便于实施。没有中期目的，远期目的将难以有效实现。

思政教育的大部分活动都是要达到近期目的的，因而这一目的对思政教育很重要，对思政教育活动具有直接的指导作用。思政教育的远期目的、中期目的和近期目的相互影响、相互制约，远期目的指导和制约着中期目的和近期目的，中期目的是联系远期目的和近期目的的桥梁和纽带，起着承前启后的作用，近期目的是中期目的和远期目的实现的基础。

4. 按抽象程度划分

按抽象程度，思政教育目的可以分为观念性目的和指标性目的。

思政教育的观念性目的以抽象概念的形式表现出来，集中反映了思政教育目的的社会价值、发展价值和整体需要，具有明确的指向性和激励性。思政教育的指标性目的是由一系列以指标形式表现出来的具体目的组成的，是思政教育的观念性目的的具体化，人们可借助这套指标对思政教育活动进行具体检测或比较。在思政教育目的体系中，这两类目的都是不可缺少的。没有思政教育的观念性目的，思政教育的指标性目的就会失去依靠，就不能对政治教育活动进行有效的评估。

二、高校思政教育的根本任务

思政教育目的的达成、功能的发挥，都有赖于思政教育任务的顺利完成。从总体上看，思政教育任务可以分为三个层次：根本任务、一定时期的主要任务、具体任务。这三个层次的任务相互联系，相互影响；根本任务贯穿在不同时期、不同领域的思政教育中，起着统领作用，规定着主要任务和具体任务的方向；具体任务和主要任务的完成，又推动着根本任务的完成。可见，根本任务是思政教育任务中的主要方面，因而本书着重讨论思政教育根本任务的有关问题。

思政教育的根本任务是思政教育在中国特色社会主义现代化建设中所承担的最重要的责任，是为达到思政教育的根本目的所需要完成的基本工作。这一根本任务是思政教育活动的中心，全部思政教育都必须围绕这一根本任务开展活动。

（一）指引受教育者树立崇高的理想信念

理想是与奋斗目标相连，有实现可能的向往、追求和信念，是一个人思想道德素质中最重要的素质。树立崇高的理想对人生极为重要；崇高的理想有助于受教育者择定自己在社会生活中扮演的符合时代要求的角色，从而获得有价值的人生；将使受教育者明确前进的方向，鼓舞其勇往直前。发展社会主义市场经济，进行社会主义现代化建设，需要一代有中国特色的社会主义新人坚忍不拔地为之努力奋斗。没有一代有理想的新人，社会主义现代化就难以实现。正因为理想对个人成长、对事业成败有如此重大的意义，因此，培养一代新人具有远大的理想以及为理想而献身的精神，就成为新时代思政教育的基本任务。

理想教育一直是我国思政教育的重要内容。可是，在市场经济建设过程中，理想及理想教育却受到不同程度的忽视。在某些人看来，搞市场经济，物质利益才是重要的、实在的，而理想则是虚幻的、不必要的。在思政教育中，也存在忽视理想教育的倾向，某些教育者认为思政教育只是为经济建设服务，只需引导人们做好具体工作就行了。这些看法显然都是模糊的、不正确的。社会总是处于"它现在是什么"与"人们希望它是什么"的张力之中。只讲理想，完全不顾社会生活实际，理想有可能变为"乌托邦"，这固然无助于社会生活的进步；但走向另一个极端，完全忽视崇高理想的巨大感召作用，则社会生活也难以得到改进和发展。因为任何一个社会永远都是在理想和现实之间的合理互动中前进的。相对于我国今天的社会现实，建立社会主义市场经济体制，实现社会主义现代化，本身就是一种理想。只有使广大人民群众怀有建设中国特色社会主义的共同理想，积极主动地参与现代化建设，才能实现这一伟大理想。因此，在实现社会主义现代化进程中，对教育对象的理想教育不是可有可无，而是必不可少的。思政教育者对此必须有明确认识，在任何时候都要坚持共产主义理想教育，帮助受教育者树立远大的理想。

（二）培育受教育者良好的道德品质

帮助受教育者形成良好的道德品质，无论是对受教育者的健康成长还是对社会的稳定发展都有重要意义，因而它理应成为思政教育的重要任务。对教育对象进行道德教育，要循序渐进，注意层次性。

首先，要引导受教育者用社会主义道德准则要求自己，做到爱祖国、爱人民、爱劳动、爱科学、爱社会主义，促使人与人之间形成平等、团结、友爱、互助的社会主义新型关系。"五爱"是社会主义道德的基本要求，它通过社会生活的各个方面体现出来，具体表现为职业道德、社会公德、家庭婚姻道德等。引导受教育者用社会主义道德准则要求自己，理所当然地应该引导他们履行职业道德、社会公德、家庭婚姻道德，使受教育者用这些具体的道德规范约束自己的行为，并把遵守这些具体的道德规范作为起点，逐步向更高的道德境界迈进。

其次，即使是在社会主义初级阶段，思政教育也要认真宣传和大力倡导共产主义道德，引导受教育者坚持集体主义的价值导向，把国家和人民的利益放在高于一切的地位，树立全心全意为人民服务的思想；一切共产党员和先进分子应该自觉地履行共产主义道德。总之，在塑造受教育者的道德面貌时，教育者要注意把握道德的层次性，有针对性地开展道德教育，以便取得更好的效果。在进行道德教育时，思政教育应适应道德生活的变化，注意时代的要求，积极引导受教育者树立与社会主义现代化相适应的新的道德观，以便使受教育者以新的道德面貌投身于社会主义现代化建设。

最后，帮助受教育者具备较高的文化知识素养。培养社会成员具有较高的科学文化知识，主要是各级各类学校的教育任务，但思政教育在提高受教育者的文化知识素养方面，也负有重要的责任，起着不可或缺的作用。其中一个重要方面，就是促使受教育者养成重视教育的态度，加强学习，不断提高自己的文化知识水平。思政教育应从社会发展的高度，引导受教育者认识到，个人较高的知识文化水平是提高我国的国际竞争力、实现社会主义现代化所必需的。思政教育还应当从个人全面发展的高度，引导受教育者认识到，个人较高的文化知识素养既是个人全面发展的表现，也是个人全面发展所必需。现代社会变化迅速，如果不努力学习新知识，个人就难以适应社会发展的需求，发展就会受到限制。只有坚持不懈地追求新知，不断更新自己的知识结构，努力提高自己的知识素养，才能跟上时代的步伐，在改造自然和社会的过程中使自己获得全面发展。

　　总之，无论是社会的进步繁荣还是个人的全面发展，都要求公民具备较高的科学文化知识素养。而在现代社会，个人较高的知识素养，主要是教育的结果。因而，重视教育不仅应是国家意识，更应是个人态度，促使受教育者养成这种态度，从而去孜孜不倦地追求知识。这是建设学习型社会和创新型国家对思政教育提出的新要求，新时代思政教育应努力满足这一时代要求。

第三节　大学生思政教育的功能与价值

一、大学生思政教育的功能

（一）个体性功能

1. 个体生存功能

　　思政教育的个体生存功能是指思政教育在引导人类个体遵循客观规律、服从生存法则以便求得更好的生存状态的过程中所发挥的作用，主要体现在以下几方面：

　　一方面，思政教育有助于人的物质生活的顺利进行。思政教育的核心任务是要帮助人们形成科学的世界观、人生观、价值观，掌握道德原则和行为规范等，这些观念、原则、规范看起来是约束个体的异己的力量，但正是这些异己的东西才能够使个体在社会性的生活中生存下去，也正是这些东西赋予个体以力量，使其能在社会生活中充分发挥作用。

　　另一方面，思政教育是人的精神生活的一种方式。在人的精神生活中，思政教育是一种重要的沟通方式。这种沟通方式强调人与自然、人与社会、人与自我之间的交流和对话，注重从人的内部精神生活来适应和认同客观外部世界。在社会生活中，人们往往追求社会和个人的功利性需要，而人特有的反思性品质会使自己不断地反思自己的生命与精神世界的内在联系，并努力建立这种联系。如果一个人相信自己已经建立了这种联系，那么，他便能在情感和理性的平衡中寻找到生存和发展的意义。思政教育正是促使人的这种反思的重要力量，也是这种反思的重要方式。

2. 个体发展功能

思政教育的个体发展功能是指思政教育对塑造人的品德、促进人的发展所起的作用，主要体现在以下几方面：

第一，引导政治方向。就是运用启发、动员、教育等方式，把教育对象的思想和行为引导到符合社会发展要求的方向上来，即通过丰富多彩的活动及多种方式，提高教育对象的思想政治素质，促使其保持坚定正确的政治方向。具体说来，可从三方面进行：①目标导向，即确定明确而具体的奋斗目标，引导教育对象向目标奋进；②政策导向，主要是通过宣传党的路线、方针、政策来引导教育对象的思想，以提高其认识，规范其行为；③舆论导向，即利用赞赏、激励、批评、监督等手段，营造良好的舆论氛围，以正确的舆论调节和规范教育对象的思想行为，对教育对象形成一种强大的约束力和导向力。通过这三方面的工作，思政教育就能较好地引导受教育者的思想向社会要求的方向发展。

第二，约束规范行为。思政教育通过向人们传导法律、道德等社会规范，通过肯定、褒奖符合社会规范的行为，否定、批评背离社会规范的行为，就能较好地实现对人的行为的约束和规范。约束和规范人们行为的功能是思政教育的重要功能，如果思政教育仅仅停留在抽象的思想观念的教育上，而没有明确的规范要求，就很难把教育对象的思想和行为引导到正确的轨道上来，就有可能出现道德失范、行为越轨的情况。因此，思政教育要帮助教育对象形成正确的法制观、道德观，自觉遵循法律规范和道德规范，在社会规范允许的范围内从事创造性的活动。

第三，激发精神动力。思政教育的激励功能体现为运用多种手段，充分调动教育对象的积极性、主动性和创造性，促使其努力参加社会主义现代化建设。由于人的积极性与人的需要密切相关，需要越强烈积极性就越高；而人的需要又包括物质需要和精神需要，因此，激励可从总体上分为物质激励和精神激励两大类，它们对人的激励作用都是不可或缺的。因为人的物质需要和精神需要相辅相成，物质决定精神，精神对物质具有反作用，因而精神激励又是绝对不可缺少的。激发教育对象的社会主义积极性，既要靠合理的物质激励，又要靠有效的精神激励，要靠思政教育。

第四，塑造个体人格。思政教育的重要功能就在于塑造受教育者个体健全的人格，使教育对象形成崇高的精神境界和健康的心理品质，成为合格的社会成员。通过思政教育，可以更好地引导受教育者认识自己改造物质世界和创造社会历史的主体地位，认识自己的历史使命和社会责任，从而提高受教育者的主体意识；可以更好地帮助教育对象树立远大的目标和崇高的理想，正确认识社会、认识人生、认识自己，提高其适应和改造客观环境的能力；可以更好地帮助受教育者摆脱传统文化中的依附性、保守性、被动性的束缚，时刻保持一种对生活的积极参与和主动创造的精神，自强不息，百折不挠，从而充分挖掘自身的潜能，实现自身人格的完善。由此可见，思政教育是人自我发展和自我完善的一种特殊精神力量，在个体人格塑造中发挥着重要的作用。

3. 个体享用功能

所谓思政教育的个体享用功能，是指思政教育能使每个个体实现其某种需要和愿望（主要是精神方面的），并从中体验满足、快乐和幸福，从而获得精神上的享受。在建设社会主义和谐社会的进程中，正确认识思政教育的这一功能有着重要的现实意义。

思政教育的个体享用功能是客观存在的。思政教育通过发展和完善人的思想道德品质，可以从一个方面满足人的精神需要。而人的良好思想品德是一种把握现实世界的能力，它的特点是从人的善恶观念，也就是从一种内在尺度上把握现实世界。人的良好思想品德对世界的把握不仅表现在对善恶是非的识别上，而且更主要的还表现在对自我、他人、社会等的改善上，即表现为道德价值世界的建构方面。人的致善活动也就是主体良好思想品德的对象化、外化活动，有助于更好地创造构建一个更善的外部世界，从这个由他参与创造的外部世界中，人必然会获得某种满足和幸福。此外，思政教育有助于教育对象逐渐形成高尚的人生意境，处于这种意境之中，人们就可以以一种审美心态去瞰视人生，从中获得审美的愉悦。

（二）社会性功能

1. 政治功能

思政教育的政治功能是指思政教育通过培养具备良好思想政治素质的受教育者以推动政治发展的作用，具体表现为以下几方面：

第一，传导主流思想，调节社会精神生产。统治阶级要使自己的思想成为占统治地位的思想，就必须加强对社会成员的思政教育，以传导主流思想，调节社会的精神生产。在我国，思政教育通过宣传马克思主义和社会主义核心价值体系，统一人们的思想，整合社会的精神生产要素，从而实现对精神生产的导向和调节。具体来讲，就是要以科学的理论武装人，以正确的舆论引导人，以高尚的精神塑造人，以优秀的作品鼓舞人，支持和倡导先进而健康的精神生产和精神产品；同时，还要揭露和批判与马克思主义相对立的思想，遏制和取缔不健康的精神生产和精神产品，从而使精神生产和精神产品直接为我国社会主义的经济基础和政治制度服务。这是思政教育政治功能的重要表现。

第二，传播主导政治意识，引导人们的政治行为。思想是行为的先导，人的政治行为总是受到一定思想观念支配的。思政教育通过传播我国社会主导的政治思想、法律规范和道德观念，有助于培养受教育者坚定正确的政治方向，提高受教育者的政治判断力、鉴别力和选择力，发展其政治参与的意识，形成较高的政治素养，从而更好地参与政治生活。在建设社会主义和谐社会的进程中，思政教育要强化其政治功能，也就是要通过各种途径，系统地对教育对象进行主旋律教育，包括共产主义理想教育，社会主义、爱国主义、集体主义教育以及社会主义核心价值观、道德观教育等，为社会主义民主和法治建设创造根本条件。

第三，沟通社会信息，确保社会的有机联系，促进社会政治的稳定和发展。思政教育一方面要宣传马克思主义理论和社会主义先进文化以及党的路线、方针、政策，并促使受教育者将马克思主义和先进文化内化，认同并贯彻执行党的路线、方针、政策；另一方面还要倾听受教育者的呼声，并将受教育者的意见和建议反馈给上级有关部门，使之成为政治决策的依据。在纵向和横向的社会联系、社会交往中，思政教育扮演着重要的"沟通者"角色，对于加强党和人民之间的联系、协调人际关系、化解社会矛盾、促进社会的稳定和发展、增强民族凝聚力，起着不可或缺的重要作用。诚然，思政教育对社会政治稳定维护的作用不是单独发生的，而是与社会的其他功能系统如法治建设结合在一起产生的。因而，思政教育应加强与有关社会系统的协调，以形成立体的功能网络，从而达到维护社会稳定、促进政治发展的目的。

2. 经济功能

思政教育的经济功能是指思政教育通过调动教育对象的积极性，促使其主动参与经济建设以促进经济发展的作用。它主要表现为提高受教育者参与经济建设的积极性；帮助受教育者掌握经济活动的行为规范，形成理性的经济行为；为经济建设营造良好的环境等方面。概括地说，思政教育的经济功能主要表现为以下几方面：

其一，思政教育是经济建设坚持社会主义性质和方向的可靠保证。物质生产本身没有阶级性，但生产力总是同一定生产关系相联系，经济基础总是同一定上层建筑相联系的，因而物质生产的发展也有一个方向问题。从人类文明发展史看，任何一个社会的统治阶级，都会以自己的思想体系和政治理念影响社会的物质生产，制约经济的发展方向。我国是社会主义国家，我国的现代化只能是社会主义现代化，思政教育的经济功能首先就表现为它要确保我国现代化建设的社会主义方向。在经济活动领域，思政教育通过帮助受教育者牢固树立建设中国特色社会主义的共同理想，提高受教育者贯彻执行党的路线、方针、政策的自觉性，就能有效地确保我国经济建设始终沿着社会主义道路前进。

其二，思政教育是营造经济建设发展的和谐社会环境的重要手段。物质资料的生产是人类社会生存的基础，一部人类历史就是生产发展的历史。为了维系人们之间的这种联系和关系，并使之处于和谐的状态，除了依靠政治和法律等手段外，还需要依靠思想道德的规范和调节。通过广泛而有效的思政教育，化解矛盾，协调关系，稳定情绪，以保持人与人、人与社会之间正常的稳定的联系和关系，维护个人的心理平衡，就可为经济建设营造一个和谐的社会环境，促进经济建设更好更快地发展。

思政教育营造社会环境的作用是多方面的，其手段多种多样，这里着重探讨思政教育通过对社会生活的调节以营造良好社会环境的情况。大致说来，思政教育对社会生活的调节主要通过以下途径来实现。

（1）心理调适

对受教育者进行心理调适，是使包括经济活动在内的各种活动顺利进行、解决受教育者的思想问题、促进其发展的必要手段。思政教育要善于运用心理调适的方法解决受教育者的思想问题，增进其心理健康，从而为经济建设创造良好的心理环境。

（2）人际关系调适

在现实生活中，由于各种原因，人与人之间的关系在很多时候会出现矛盾乃至冲突，这些矛盾或冲突会影响人们的生活和社会的和谐，因而必须对其进行协调。思政教育就是协调人际关系的重要手段。思政教育通过帮助人们化解人际矛盾，缓解人际冲突，有助于理顺人们之间的关系，进而建立团结、互助、友爱、平等的和谐人际关系，从而为经济建设营造一个良好的人际关系环境。

（3）情绪调控

人们在现实生活中遇到矛盾和困难，情绪就会发生变化，甚至出现不满、怨恨等负面情绪。这种负面情绪如果得不到缓解，就可能给个人工作和生活造成困扰，给经济建设带来障碍，因而必须及时对人们的情绪进行调节。思政教育是调节人们情绪的重要途径。通过深入细致的思政教育，帮助受教育者化解思想矛盾、稳定情绪，疏通思想、宣泄情绪，创造条件、转移情绪，制定目标、升华情绪，从而使受教育者的情绪得到及时有效的调适，获得新的平衡。这样就能大大减少社会的不安定因素，使受教育者以饱满的热情投入现代化建设中。

3. 文化功能

思政教育的文化功能指的是它对社会文化及其发展所发生的作用。从文化的运行过程来看，思政教育的文化功能包括文化传播功能、文化选择功能、文化创造功能等。

第一，文化传播功能。思政教育是教育者用一定的思想观念、政治观点、道德规范对教育对象施加有目的、有计划、有组织的影响，使他们形成符合一定社会发展要求的思想品德的社会实践活动。所谓"思想观念、政治观点、道德规范"，都属于文化的范畴，是政治文化和伦理文化的组成部分。从某种意义上讲，思政教育就是政治文化、伦理文化的传播过程，其目的是实现个体的政治、道德社会化。在这一过程中，同时存在着两方面活动：一是社会通过思政教育等形式传播思想政治信息和主导思想，促使人们接受主流文化的价值观，形成符合社会要求的行为模式；二是个体通过学习、模仿、社会实践等形式获得思想道德知识，形成一定的政治态度、政治信仰和政治情感。这两种活动在思政教育过程中相互联系、相互作用，辩证地统一在一起。可见，思政教育传播政治伦理文化的过程，是一种同为信宿、同为信源的双向信息交流和情感互动过程。

需要指出，思政教育传播文化的过程，也是保存和活化社会文化的过程。如果没有思政教育的传播，政治文化、伦理文化就只能表现为储存形态的文化，即蕴藏于物品或文献中，而不能被人们掌握和运用，难以在实际政治生活和道德生活中发挥作用。只有通过思政教育，才能使储存形态的政治伦理文化转变为现实的政治伦理文化，使特定的政治伦理文化与人的观念、智慧、意志、情感建立起联系，使社会规范成为人们维持良好生活秩序的准则，使健康的审美情趣和民族风俗成为丰富人们生活的内容和方式，使政治文化在社会生产和社会生活中发挥作用。

第二，文化选择功能。思政教育对文化的传播，并不是对现有文化的全盘照搬，而是一种选择的过程，它包含了对文化的撷取与吸收、排斥与舍弃。通过这种选择，在历史、当代、未来间建立起发展的链条，在东方文化与西方文化间建立起交流的桥梁，并据此去发展文化，推动社会进步。思政教育的文化选择功能主要是通过批判地吸收文化这一方式完成的，具体地说，就是根据一定社会的需要和思政教育的目的对传统文化与外域文化批判地借鉴吸收，有选择地加以传播，使其符合我国社会发展的要求，符合我国文化发展的需要。要发挥思政教育的文化选择功能，首先是思政教育者必须树立正确的文化观，提高文化选择的自觉性；其次，要加强对中华民族传统文化的价值吸收和批判改造，加强对西方文化的合理借鉴和批判改造，即要积极、主动、及时地对各种文化进行科学的分析、鉴别、筛选、利用；最后，要加强对教育对象文化选择的引导，使其在文化交流和冲突中进行正确的文化选择。

第三，文化创造功能。随着科学技术飞速发展，世界范围的文化交流日益加强，各民族文化的联系愈加紧密，竞争也越来越激烈。要提高中华民族文化的竞争力，使民族文化与时俱进，保持强劲的发展势头，就必须培养一大批具有文化创新能力的人才，而这正是当代思政教育的主要责任。思政教育通过培养具有创造精神和创造能力的人才，能有力地推动文化的创新。同时，思政教育在传播文化的过程中，是在不断地对政治文化、伦理文化进行整理、组合，并以最恰当的方式进行传递，这一过程实际上也是文化的创造过程。可见，思政教育的文化创造功能是客观存在的。在文化竞争日益激烈的今天，思政教育一定要高度重视创新型人才的培养，并创造性地传播政治文化和伦理文化，以充分发挥其文化创造功能。

将思政教育的功能分为个体性功能和社会性功能两个方面进行分析，在理论上是完全必要的。但在实际上，这两方面功能紧密联系在一起。个体性功能的实现不能脱离社会性功能去空谈，社会性功能也需要个体性功能作为其实现的中介，应注意使两者有机统一起来，从而最大限度地发挥思政教育的功能。

二、大学生思政教育的价值

在整个学术界，对思政教育价值这个概念的定义被广泛认可和接受的是项久雨做出的较为详细的论述。"主体在思政教育的实践和认识活动中建立起来的，以主体尺度为尺度的一种客观的主客体关系，是思政教育的存在及其性质是否与主体的本性、目的和需要等相一致、相适合、相接近的关系"。在教育实践活动中这种关系对受教育者的发展起到了一定的作用，在社会关系中对人类社会的发展与进步呈现出一种积极的作用。

在不同的依据下，思政教育价值呈现多样性、涵盖多种类型。其中以不同的主体属性，可将其划分为社会价值、集体价值和个体价值。

（一）社会价值

1. 思政教育的社会价值内容

思政教育的社会价值要建立在人的意识形态发展和社会道德形成发展规律的基础之上，以个体思想品德和社会良好风气的形成发展规律为依据。通过开展形式多样的教育实践活动，最终实现满足社会发展、推动社会稳步前进的目标。

2. 思政教育的社会价值的特征

思政教育的社会价值一方面具有激励性的特征，它包括目标和情感的激励，即能够以社会发展目标带动社会成员，也可以通过某一感性因素鼓舞社会成员，使其团结在共产主义目标的旗帜下，从内心认可变为主动参与到建设社会主义伟大事业的实践活动当中，再进一步演变成为社会主义伟大事业而终身不懈奋斗。另一方面，思政教育的社会价值还表现在物质价值和精神价值方面，它拥有这两者的双重特性，并且实现两者之间的相互转化，但只有经历复杂的实践过程后才能将精神价值真正转化为物质价值，实现物质价值与精神价值的统一。比如，当社会成员拥有较强的主人翁精神和历史责任感、使命感并以此指导实践，其实践的结果多半是正向的积极的，这代表精神价值向物质价值转化的成功，而思政教育的社会价值的精神价值也需要通过实践才能变成有利于社会发展的物质价值。

3. 大学生思政教育的社会价值

在当前的新时代新形势下，如果要强化大学生思政教育的社会价值，就要对广大青年一代进行系统的主旋律教育。利用好思想政治理论课这个主渠道，开展形式多样内容丰富的思政教育，发挥其价值引领。例如，开展中国特色社会主义教育、爱国主义教育、理想信念教育、责任担当教育时，可结合当今社会较为热门的议题。2000年，面对突如其来的疫情，党中央高度重视，统揽全局，举国同心，全国上下一盘棋，有效遏制病毒的蔓延，保护了人民群众的生命安全，这就是中国特色社会主义制度的优越性的有力彰显。面对重大疫情时中国人民群众是如何应对的，医疗工作者、共产党员和志愿者们又是如何冲锋在前的等等，这些生动的素材都可与思政教育相结合。让大学生们感悟到"中国优势"、体悟到伟大的抗"疫"精神、认识到医疗工作者为了救死扶伤舍生忘死的精神、感受到共产党员为了初心和使命甘于奉献的精神、体会到志愿者服务社会服务他人的伟大精神。通过课堂教学、典型案例、文化熏陶、社会实践等形式教育学生养成优良的传统伦理和信仰，帮助其形成正确的"三观"和高度的社会责任观，同时心怀爱国之情，立志为中国特色社会主义事业奋斗终身，肩负民族复兴时代重任。

还应该意识到，大学生最终还是要在社会中扮演角色。在社会中服务他人，得到社会的评价和肯定。因而不能仅仅局限于"第一课堂"，即思想政治理论课堂，还应认识到"第二课堂"——实践教育也尤为重要。由此，除了学生课程体系中已规定的，还应为学生创造更多的社会实践机会。例如，不断给学生树立正确的实践观，努力实现社会实践常态化，从宿舍、班级、社团，到学校、社会，让学生们意识到社会实践不只是在周末、寒暑假的一种形式化的活动、突击性的活动，还应该是日常性的志愿服务、勤工助学、教学实习等各类课外、社会活动等，逐渐养成良好的服务意识，为同学们服务、为人民服务，模范遵守社会公德，学会规范自我行为，增强服务社会的能力，向社会传递正能量。另外还需要进一步增强社会实践活动的实效性。虽然当前很多高校已经将社会实践纳入课程体系管理，具体形式表现为专业实践、社会志愿服务等，但还是可以说在具体操作过程中，存在着实践内容单一化、实践考核形式化、实践效果一般化的问题，这就要求高校进一步改进管理、运行、考核体系，确保专职教师负责，提供足够的经费支持，真正发挥社会实践推动思政教育发展的实效性作用，同时加强实践教育内涵建设，坚持顶层设计，明确其目的、着眼点，而后有针对性地将思想内涵融入实践的各个环节，使大学生真正在实践中丰富思想政治内容和提高自身素质，进一步提升思政教育的效果和效率。

（二）集体价值

1. 思政教育集体价值的内涵

马克思主义认为，人总是个体的人与作为类的人的统一。在现实生活中，个体的人不是抽象地单个地生活在社会中，而是处在由多位成员组成的某个集体中，通过集体的这一形式与社会发生关系。延伸到思政教育集体价值，简单地说就是指以思政教育的功能去满足由多位成员组成的集合体的发展需要的效益关系。如同集体与社会、个人之间的关系，思政教育集体价值是连接社会价值和个体价值的桥梁和中介，承上启下，同时也深刻影响着社会价值与个体价值。

思政教育的集体价值主要体现在以下几个方面：一是形成正确的积极的集体心理；二是促成和巩固集体团结；三是构筑健康向上的集体文化。

（1）形成正确的积极的集体心理

通过持续地研究集体成员的意识形态，实践行为的来源、产生及逐渐进步的过程，规范调整集体成员的心理偏差与动机，逐步调整集体成员的心理发展，最终形成正确的意识形态和思想观念。在规范集体成员的心理发展的整个过程中，要崇尚一致地追求目标，维持一种催人向上的积极的心理动力，继而逐渐形成正确的积极的集体心理。

（2）促成和巩固集体团结

形成积极的正确的集体心理，最终的目的是实现个人目标与行为融入集体目标与行为中。主要表现在每一个个体能明确自身需求并能通过多种渠道表达自己的需求，同时也能了解其他个体的需求，从而使矛盾得到解决并不再存在。通过有意识的引导，集体中的成员能正确认识到个体与集体间的联系，认识到个人是需要借助集体这一重要平台才能实现自我价值的现实处境，认识到两者之间是互相具有义务的。具体表现为个人要自觉维护集体利益，集体也要尽力保障个人利益。另外，集体中的成员在自觉将集体目标与个体目标相融合时，要充分认识目标存在的合理性，努力为实现共同的集体目标而持续奋斗。

（3）构筑健康向上的集体文化

文化是思想观念的最高形态。集体价值信念的教育，不仅为人们的行为方式提供价值信念的共识，还能提高人们对集体统一价值信念的认知与觉悟水平。在教育过程中通过各种方式的宣传，引导集体中的成员清醒地认识到错误信息、负面信息的危害性，对错误信息和负面信息要保持高度的警惕。同时认真分析其产生的根源，以及如何去抵制各种错误、消极的价值观念等。

2. 大学生思政教育集体价值

大学生思政教育集体价值是思政教育理论的重要组成部分，对其理论进行探索研究，是发展思政教育理论的必然要求。因此把握好其功能作用，能够更好更深入研究个体价值和社会价值。个体离不开集体，脱离集体的个体无法生存。从宏观来看，思政教育的内容极度抽象；从个体来看，其内容又极为具体。大学生思政教育活动以大学生为群体开展，它不同于学生之间的教育或是学生自我教育，而是依据社会一般性要求，基于大学生这一群体的实际接受的程度、教育工作者的言传身教等具体实际情况，所开展的教育实践活动。因此，要通过教育实践活动贯彻立德树人根本任务，实现每个学生的自身全面发展，在新时代背景下发挥大学生思政教育的集体价值，不断提升教育实践活动的实效性。

在大学里，由于学生们每个人都是单独的个体，每个人的认知、个性、特征等方面都是极为不同的，因此极容易产生不同的观点或产生矛盾和冲突。而通过冷静的调解和分析，我们就会发现大部分矛盾和冲突源于学生个体间沟通和交流的缺乏。因此，在开展实践教育过程中，可以通过开展形式多样的活动方式为学生们创造加强沟通与交流的机会和条件，随后通过对情绪的有效疏导，缓解人际关系的紧张，化解矛盾。在集体内部形成一个良好环境，构建和谐友爱的人际关系，从而确保集体目标的圆满完成和顺利实现。例如，新生入学后要适应集体生活，从之前是每个家庭的宝贝到生活在一个屋檐下接纳他人的所有，是需要一个不断适应的过程的。开始源于对新鲜事物的好奇和探索，宿舍舍友之间的矛盾不会立即凸显，但随着时间的推移，加之个体的差异性，如若没有较好的沟通与交流，很容易出现寝室矛盾，需要老师介入进行调和。通过开展一系列的谈心谈话、心理疏导、团体辅导等活动方式，引导学生学会接纳他人的不足，同时看到自身的缺点，通过对情绪的有效疏导，缓解紧张的人际关系，从而构建友爱温馨的寝室环境，利于宿舍每个成员的成长与进步。

通过各种途径和方式的实践教育，去培养学生们的集体认同感、归属感以及荣誉感，强化学生们的集体情感和集体行为，久而久之学生们由内心奔涌出热爱集体的情感，最终自主自觉投身于集体活动中，朝着最终目标迈进。例如在理想信念教育的过程中，从大学生共产党员入手，通过展示学生们身边熟悉的人的典型事迹，让学生们看到共产党员的先锋模范带头作用，鼓励青年大学生要结合具体实际树立鸿鹄之志，坚定马克思主义信仰，为实现中华民族伟大复兴中国梦不懈努力。

新时代大学生思政教育要时刻关注社会和谐发展，做好主流价值引领，将大学生思政教育的内容和目标潜移默化地渗透到学生的思想和行为当中。例如在开展教育实践过程中，通过各种渠道的广而告之，引导大学生清醒地认识到错误信息、负面信息的危害性，对错误信息和负面信息要保持高度的警惕。同时认真分析其为什么产生，以及如何去抵制各种错误、消极的价值观念等。坚持将社会主义核心价值观贯穿于教育教学和日常工作的全过程，引导大学生坚持集体主义价值观教育，认识到个体价值是集体价值和社会价值的基础；集体价值是个体价值和社会价值的中介；社会价值是集体价值和个体价值的综合，从而能够正确地处理国家、集体、个人三者之间的关系。

（三）个体价值

1. 大学生思政教育个体价值的内涵

思政教育个体价值是指思政教育对个体发展的意义。其核心体现在对个人成长的一种推进，包括个人意识形态、政治观念、思维意识的健全和完善，促进个体综合向上发展，进而实现个体价值。延伸到大学生思政教育的个体价值，即教育实践活动对学生群体发展的实效性和积极意义。其主要表现在个体不断向政治社会化倾斜，满足大学生个体政治社会化需要；大学生个体精神需求的满足，自我认知和实践能力的逐步提升，逐渐实现个体全面发展。换言之，通过主旋律的教育实践活动，在此过程中让学生捕捉到正确的信息，将所包含的思想、道德、观念等内容转化为自身的某种心理结构，养成良好的行为习惯，与他人进行良好的交往，建构自己的精神领地，从而形成坚定的政治信念，逐步实现政治社会化。基于教育实践活动的内在作用，激发学生个体的精神动力、帮助学生个体树立坚定的理想信念和信仰使命，促进学生个体塑造健全的人格，引导政治方向进而保持正确的政治站位、调控学生个体行为，促进学生个体更好地适应社会，强化大学生对社会主义核心价值观的认同。

2. 大学生思政教育个体价值的理论来源

（1）"以人为本"思想

思政教育强调将人作为研究的主体，通过规范的教学内容和科学的教育方法来实现人的成长推进。高校开展思想教育实践活动，以马克思主义关于人的本质理论作为理论根源，坚决贯彻立德树人根本任务，对学生开展教育实践活动，提升学生在整个过程中的认同感和参与度，针对学生的特殊性要求和条件适当给予关注并有效协调处理，不断鼓励和刺激学生发挥主观能动性，从而实现个体的发展。

（2）人的全面发展理论

人的全面发展理论，也是将人当作研究对象，其内涵主要包括社会关系、个人需求、能力以及个性得到充分、整体、综合地发展。具体表现为：人积极参与到社会交往之中，并从中获取政治、经济、文化各个领域的信息，丰富自身的阅历，更新原有旧的观念、开阔新的眼界，实现社会关系充分、整体、综合的发展；个人维持生命的生存性需要，获得精神满足的享受性需要，以及寻求自我实现的发展性需要得到有效的实现；个人通过社会劳动实践身体力量以及通过后天学习、实践、练习，使精神方面的生产力即人的体力、智力等得到充分、全面的发展；个人独特个性，认识自然和改造自然的自觉能动性，对现实超越和突破的创造性，自我体现与控制自主性在参与社会关系活动时得到充分展现和培养。

（3）马克思主义的需要理论

人们可以通过劳动实践不断满足自身由内而外所产生的需要，同时人的需求在社会发展进程中不断提升且不断新旧交替，因此也可以通过劳动和实践推动自身的需求向多样化发展。人们所需要的持续满足和新需要的持续产生，使得人们不断通过实践改进自身的生存方式，在自身需要得到满足的基础上，不断改造世界、改变自身现状。如此循环往复，认清了内在需要和现实情况的联系，从而不断规范自身行为，实现个人价值目标。

3. 大学生思政教育个体价值的实现途径

在开展教育实践过程中要重视、培养学生作为独立个体的价值，以实现人的全面自由发展。如何发展和培育学生的个体价值呢？有以下几点实现途径：

第一，加强思想政治引领。引导大学生将个人理想信念同国家民族命运、具体实际发展相结合。关注学生个体的价值需求，有针对性地开展教育实践活动；提升大学生思想理论、政治素养、道德品德、文化水平，实现学生个体的自由全面发展。目前，大学生除了学习、生活、交友等方面需要得到关怀和指导外，心理的困惑、职业生涯的规划、未来的选择发展等方面更需要得到疏导和指引。这就需要教育工作者在教育实践过程中，将思政教育同解决学生们"急难愁盼"的实际需求相统一，从解决实际问题出发，帮助学生缓解来自各方面的压力，最终实现个体需求在更高层面的协调发展。

第二，革新思政教育方法。不断丰富其理论，完善其体系，拓宽其实现途径，自觉地将个体价值融入教育实践过程中。将传统的理论传授与实践教育紧密结合，强化学生实践能力的培养，使学生不断树立正确的认知，充分发挥个体主观能动性，从而实现个体自我管理教育。例如，在每年开展的家庭经济困难学生的认定工作中，可附加创设多种载体和形式，从而实现对家庭经济困难学生全方位的教育。

第三，重视学生的心理素质和个体情感培养。通过心理咨询、谈心谈话、专题讲座等方式开展心理健康教育活动，满足大学生的精神需求。随着社会的不断发展，愈来愈多的大学生不断涌现出对生命的价值困惑、对生活方式的抉择困惑等突出的心理问题和各种心理困惑，价值取向也受到影响。针对开展教育实践过程中出现的学生心理健康教育问题，除了需要专业心理咨询机构来缓解这一矛盾，高校还应健全工作预警机制，定期筛查、及时了解大学生心理状况，形成学生群体全员覆盖，对于存在心理危机的学生个体要及时关注加强交流。针对处于高危的心理危机状态的个体还要及时有效地进行危机干预。

第四，营造良好的思政教育的环境。引导大学生形成正确的价值观念，促进社会整体向上向好发展。例如，在开展教育实践过程中遇到毕业生就业难的问题。在大学生入学后应开设职业生涯规划类的相关课程，积极引导学生参加职业生涯规划设计大赛和创新创业比赛等，邀请各行各业具有代表性的毕业生回校给大学生开展就业类相关讲座或分享会，通过朋辈教育指引学生更好地去认识世界。高年级阶段应加强思想教育，宣传就业相关政策，引导学生树立正确的就业观和择业观。拓宽大学生就业渠道，缓解学生的就业压力和内心焦虑。引导学生处理好个人与社会的关系，接纳自己因为即将踏入社会产生的不自信、彷徨恐惧、逃避等心理状态。

第四节　大学生思政教育的主体与对象

一、思政教育的主体分析

（一）思政教育主体界定

要界定思政教育主体的含义，必然要先揭示主体的内涵。从人的对象活动中去考察人与对象世界的关系，就出现了主体与客体这两个哲学范畴。何谓主体，不同哲学派别的哲学家对其做出了不同的理解。马克思主义认为，主体是生活在一定的社会关系中，从事社会实践活动的、能动的、现实的人。概括地说，主体是指有目的、有意识地从事实践活动和认识活动的人。

主体是人，但主体和人不是等同的。不是任何人都是主体，只有具备了一定实践技能、经验和科学文化知识并实际地从事实践和认识活动的人才是真正的主体。主体作为一种存在物，它与客体的不同在于具有自主性、主观性、自为性、社会性等特征。正是因为这些特征才规定了主体之所以为主体的本质。主体是一个实体范畴，是一种物质性的存在物，是自然与社会、物质与精神、感性与理性、受动与能动的统一体。

（二） 主体性教育的实施

提倡主体性教育，就是要让学生在社会所要求的思想观念、道德意识、行为规范等方面，由被动接受教育的客体成为主动接受、积极吸收和认真实践的主体，把学校的要求转化为他们的自身能动。

高校思政教育把实施主体性教育作为改革的重要目标是适应时代发展，切实增强高校思政教育的实效性，实现高等教育培养"合格的社会主义建设者和接班人"这一根本任务的迫切需要。第一，主体性教育是提高高校思政教育实效性的关键。第二，主体性教育是加强素质教育和创新精神培养的迫切需要。第三，主体性教育是促进学生个性充分发挥和实现自身价值的需要。

高校思政教育是要调整教育目标进行教育内容、方法、手段等方面的改进，使学生的主体性得到充分发挥。

二、思政教育的对象分析

（一） 思政教育对象认知

所谓对象，是指观察、行动或思考时作为目标的客体。思政教育的对象，是指在教育活动中，教育者认识、教育、改造的对象。它有广义与狭义的区分。广义的教育对象包括教育者与受教育者，作为教育者之所以成为教育的对象，是因为教育者必须先受教育，他在教育、改造别人的同时，还要接受别人的教育、改造以及进行自我教育和自我改造。狭义的教育对象就是指受教育者，即在思政教育实践活动中，在思政教育者的指导下接受、实践相应思政教育内容的人，是思政教育者有意识地对其施加影响，以期使其形成相应思想政治品德的对象。受教育者有集体对象和个人对象之分。集体的教育对象是相对个人教育对象而言的，它是由许多人结合起来的有组织的整体。比如，工厂中的车间、学校中的班级、军队中的连队等，这些都是属于集体教育对象的范畴。

思政教育学所说的教育对象，是从广义的视角去进行研究的，即指一切人。但在具体的思政教育实践中，实践的主体是教育者，教育对象只能是受教育者，也就是说，要重点把受教育者的思想政治品德作为认识、改造的对象。

（二）高校思政教育的主要对象——大学生

高校思政教育的对象主要是大学生，能否对大学生有一个比较全面的认识，无疑是做好高校思政教育的前提和基础。

思政教育必须承认每个人在成长过程中所表现出来的才能和品德的差异，并且按照这种差异给予区别对待，努力做到因材施教。在高校思政教育中，首先要对这一特定的教育对象有一个正确的认识，如果对教育对象缺乏科学的认识，就难以把握好教育对象产生思想问题的原因和动机，也就难以做好高校思政教育。首先，大学生是具有自然属性和社会属性的人，有各种需要。人的需要主要来自自然属性，即生理、心理的需要；但有些需要却来自社会属性，即社会的尊重和事业的成就。一般而言，人的需要大致可分为五个不同层次，即生理的需要、安全的需要、社交的需要、尊重的需要和自我实现的需要。前两种需要主要来自生理的需要，是属于低层次的需要，后三种需要来自社会性的需要，是属于高层次的需要。人要尊重这一高层次的需要，相应地，高校思政教育就应该充分尊重大学生的权利，平等相待。教育者不能以"教育者"而自居，必须开诚布公，充分尊重受教育者的人格。如果教育者居高临下，自视为高人一等，不能把受教育者看成是与自己完全平等的一员，而是以权力压人，以大道理训人，以尖刻的语言伤人，其结果不但不能收到入耳、入脑、入心、解决思想问题之实效，而且还会增加对立情绪，使矛盾激化。要把尊重人、理解人、关心人、帮助人，作为高校思政教育必须遵循的一个基本指导原则。只有平等地对待学生，理解每个学生的具体处境和个性，承认他们的不同性格、爱好和兴趣，以诚相待，以理服人，以情感人，高校思政教育才能真正收到实效。其次，大学生是一群独特的人。要尊重他们，正确引导而不是压制。再次，大学生是一群亟待发展的人。每个大学生都是可造就的，高校思政教育应充分认识大学生身上的潜能和不足，更要帮助他们解决成长道路上所遇到的实际问题，促进其进步和发展。最后，大学生是高校思政教育的主体，教育者应树立学生是教育主体的观点，相信学生内在的主体能力，改变教育教学方法；要认真把握大学生主体能力的表现形式，为学生构建广阔的活动空间；要努力完善学生的主体结构，进一步探索学生主体活动的规律。

总之，高校思政教育必须树立科学的理念，即尊重学生、理解学生、关心学生、帮助学生的科学教育理念，高校思政教育的一切都是为了学生，为了教育学生、为了服务学生、为了学生的健康成长。

(三) 思政教育对象的一般特征

思政教育的对象是指在思政教育活动中教育者施加可控性教育影响的对象，它有广义和狭义之分。广义的教育对象包括教育者与受教育者。因为教育者必须先受教育，教育者在教育别人的同时，也要接受别人的教育及进行自我教育。狭义的教育对象就是指受教育者，它有集体对象和个体对象之分。集体教育对象是相对个体教育对象而言的，它是由许多人结合起来的有组织的整体。这里，主要是对狭义上的思政教育对象进行研究。

思政教育对象是一个复杂的集合体，其不同部分具有各自不同的特征，需要进行具体分析。此处主要是将思政教育对象作为一个整体，从总体上分析其一般特征。

1. 思政教育对象的广泛性

思政教育对象具有广泛性，"人人都是受教育者"就是对其广泛性特征的描述。思政教育是教育人影响人的活动，是做人的"思想"转化与提高的工作。人无时无刻不在"思想"，而任何人的思想都不可能天生正确和永远正确，即使是正确的思想也还有个不断提高、与时俱进的问题。因此可以说，凡是有人的地方，就应该有思政教育，全体社会成员无一例外都是思政教育的对象。过去，人们对这一点的认识存在着一些误区。例如，认为思政教育对象是特指那些思想上和政治上的落后分子，将受教育者视为改造的对象，使得一些人对思政教育产生抵触和逆反心理，从而削弱了思政教育的威信和魅力。又如，过去人们习惯于将领导者与被领导者、教育者与受教育者简单对立起来，似乎前者就只是教育者，是不需要接受教育的。事实上，在实际工作中，并不存在绝对的教育者和被教育者，他们的地位和角色是可以随着时间、地点和条件的转移而变化的。领导者和教育者不仅不应当被排除在教育对象之外，相反，因为他们的特殊地位和重要作用，他们更应当被视为思政教育的重点对象，他们在教育别人之前必须先接受教育。

2. 思政教育对象的层次性

思政教育对象具有广泛性，但广泛存在的思政教育对象并不是毫无差别、千篇一律、抽象统一的整体，而是分为不同层次的，层次性是思政教育对象的另一个基本特征。思政教育的对象不是抽象的人，而是现实生活中的人；现实生活中的人因其成长环境、生活阅历、知识结构、社会身份等的差异，具有不同的社会属性和时间、空间属性以及不同的思想特点，因而表现出明显的层次性。按照不同的标准，可将思政教育对象划分为不同类型、不同层次。思政教育对象的层次性特征，要求教育者在开展思政教育时，要针对不同受教育者的思想实际，提出不同的要求，运用不同的方法，有的放矢地解决不同类型、不同层次受教育者的各种思想问题和思想矛盾，以提高思政教育的针对性和实效性。

3. 思政教育对象的可塑性

可塑性是指思政教育对象的思想品德可以经由环境的影响和教育者的作用加以塑造，即经过教育，可使教育对象的思想行为发生符合社会要求的变化。教育对象之所以具有可塑性，是因为人的思想既不是先天形成的，也不是一成不变的，而是在内外部环境的综合作用下，在社会实践的过程中逐渐形成并不断发展的。教育对象的这种可塑性既为思政教育提供了可能性，也凸显了正面引导的重要性，是思政教育得以进行的内在依据。

思政教育对象的可塑性特征说明了教育对象是生成性对象，教育对象的思想素质不是一成不变而是不断成长的。这就要求思政教育者不能有"先入为主"的偏见，不能抱着"固守不变"的成见对待教育对象，而应以发展的眼光、欣赏的态度引导教育对象，激发受教育者的生长潜能，把握实施教育影响的最佳时机，使得受教育者的可塑性潜能不断得到激发和提升。

4. 思政教育对象的主体性

思政教育是一项特殊的实践活动，教育者和教育对象都是人，都具有主体性。但是，教育对象的主体性不同于思政教育者的主体性，它是一种"自觉能动性"，是接受教育的主体性，依然是教育对象客体性的特殊表现形式。

思政教育对象的主体性从根本上来说，是指教育对象不是作为完全被动的客体，而是作为一个有情感、有思想的活生生的人参与到思政教育过程中来的。教育对象作为思维着的人，能够能动地认识外部世界和内部自我，获得关于自身思想道德状况和思想道德教育影响的认识，从而认清自身与社会要求之间的差距。同时，教育对象对教育者传递的思想道德信息不是无条件地照单全收，而是根据自己的理解水平和内在需要有条件、有选择地加以取舍和再创造，这个选择和创造的过程既是教育对象自我教育、自我提高的过程，也是教育对象能动地反作用于教育者的过程。受教育者主体性的确立，使得教育对象自觉能动地以主体的视角体察教育者的教育活动及其所表达的意义，并从自己的需要出发，将自身的价值观念、情感、意志"投射"到接受对象上，使对象成为自己的对象，以自己的认知结构诠释、鉴别、选择、认定、内化教育者所传递的思政教育信息。可见，没有受教育者的主体性参与，思政教育活动就无法正常开展；离开了教育对象主体性的发挥，思政教育者的主导性作用也无从谈起。

第二章　高校学生思政教育工作

第一节　大学生思政教育工作内容

一、正确认识习近平新时代中国特色社会主义思想的重要性

做到政治上坚定的前提是要在理论上有一个清醒的认识。我们党可以带领广大人民群众不断取得胜利的一个重要经验，就是始终重视思想建党、理论强党，坚持用科学理论武装头脑，只有这样才能引导人们做到政治立场坚定。习近平新时代中国特色社会主义思想是马克思主义中国化的最新成果，是全党、全国人民为实现中华民族伟大复兴而奋斗的行动指南，必须长期坚持并不断发展。作为高校思政教育工作者，我们要不断提高政治站位，大力增强广大青年学生的政治认同。

（一）从加快建设教育强国的高度树立正确认识

推动社会主义现代化建设的本质是推进人的现代化，当前人才已经成为决定一个国家综合国力和国际竞争力的重要因素，想要推进人的现代化，就要不断提升人才素质，提高教育水平。教育是提高人民综合素质、促进人的全面发展的重要途径，是民族振兴、社会进步的重要基石，是对中华民族伟大复兴具有决定性意义的事业。可以说，优先发展教育事业，是习近平新时代中国特色社会主义思想的重要内容之一。加快建设教育强国，办好人民满意的教育，办好中国特色社会主义大学，必须坚持以习近平新时代中国特色社会主义思想为指导。广大高校师生要按照教育部的部署，积极参与写好教育奋进之笔的行动，把习近平新时代中国特色社会主义思想转化为优先发展教育事业的生动实践。

（二）从培养担当民族复兴大任的时代新人的高度树立正确认识

实现中华民族伟大复兴是中华民族最伟大的梦想，无数仁人志士为了实现这一伟大梦

想不惜抛头颅、洒热血。今天，我们站在比历史上任何时期都更接近这一目标的新时代，更需要亿万具有使命担当的青年为之接力奋斗。高校思政教育工作关系到高校培养什么样的人、如何培养人以及为谁培养人这个根本问题。因此，对于高校思政教育工作者来说，必须站在培养担当民族复兴大任的时代新人的高度，深刻认识并理解习近平新时代中国特色社会主义思想的指导意义。

（三）习近平新时代中国特色社会主义思想宣传水平

在全新的发展时期，大学生的个性特点、理论诉求以及学习方式等均出现了一定变化。高校思政教育工作者应该抓住这一变化，通过适当的方式提高思想武装的实效性，不断增强广大青年学生的情感认同。

1. 关心大学生，积极回应大学生的问题

当代大学生掌握的知识较多，交往范围广泛，思想也比较活跃，他们对自己的生活有独特的见解，对美好生活的需求呈现出多样化、多层次、多维度等特点。因此我们既要充分关注不同地域、专业、性别的学生需要的差异性，也要充分关注不同学段学生成长需要的阶段性特征，努力把握准、回应好他们的关切，不断增强理论亲和力。

2. 努力提高教育工作能力

教育工作能力是综合的、全方位的，因而提高能力的要求也体现在多个方面。一是因材施教的能力。思想政治宣传的方法应该因人而异。高校思政教育工作者必须充分考虑不同学生群体的不同特点，采用切合实际的方法区别对待。二是对接生活的能力。有时候，天边不如身边，道理不如故事，这其中蕴含着理论与生活对接、认识与实践统一的深刻哲理。一种价值观要真正发挥作用，必须融入社会生活，让人们在实践中感知它、领悟它。要注意把我们所提倡的与学生日常生活紧密联系起来，在落细、落小、落实上下功夫。三是运用现代信息技术的能力。运用新媒体新技术使工作活起来，推动思想政治工作传统优势同信息技术高度融合，增强时代感和吸引力。加强新时代新思想的武装，积极探索线上线下混合教学模式，从而适应新时代大学生的新特点、新要求，增强思想引领能力。培养一批既能把握理论内容、熟练掌握课程教学手段，又较熟悉互联网运用、懂得大学生网民心理、了解现代传播规律的新型师资。

二、新时代民族优秀传统文化教育

(一) 培育大学生的正确文化态度

一个人的态度可以在很大程度上决定其行为，这是一个人对某一特定对象比较固定的一种综合心理反应倾向。文化态度，是指在社会生活中人们对某一特定文化的评价、好恶、行为倾向，包括怎样对待主体文化和怎样应对外来文化。总的来说，在人类历史上曾出现过三种不同的文化态度。第一种是民族中心主义，强烈认为自己的群体或种族比其他群体或种族要优越，是种盲目自负的文化态度。第二种叫作极端保守主义，认为外来文化具有一定的历史价值，但只当作珍稀物品收藏，排斥其在现实生活中的作用，崇拜其空壳。第三种是文化相对主义，认为每种文化都具有独特价值体系，主张评价具体的文化体系都应独立地从这种文化自身的角度进行。这三种观点各持一端，要么全盘肯定，要么全盘否定，或人为地将中西文化割裂、各自为用，但都不是历史地辩证地看待中西文化。马克思主义者认为科学的态度应是"古为今用，洋为中用"。因此，高校要引导大学生以开放、理性的态度看待和处理中外文化，充分汲取外来先进文化的营养成分为我所用。对外来文化全盘否定或全盘接受都不是理性的态度，只有正确理性的文化态度才能促进中国特色社会主义的文化建设。

高校要想引导大学生树立并巩固正确的文化态度，就必须客观地看待中国传统文化，继承和发扬优秀传统文化，摒弃文化糟粕。同时，用动态的眼光去评价外来文化，取其精华，弃其糟粕，并将中国的优秀文化在世界传播开来，使中国文化发扬光大并永葆活力。

1. 始终坚持坚定地追求先进文化

在当代，中国特色社会主义文化是先进文化，是以马克思主义为指导，既传承中华民族优秀文化又吸收各国优秀文明成果的优秀文化，反映了时代特点，顺应了人民的期待，符合历史发展规律。高校思想教育工作者应要求大学生对中国特色社会主义文化的发展充满信心，使其内心真切认同并产生深切的挚爱之情，真正成为社会精神家园的创造者和守护者。只有具有深厚的感情基础，才能真正树立自觉弘扬社会主义先进文化的主人翁意识，才会自觉学习、主动拥护、广泛传播、勇敢创新，从而对社会主义先进文化产生自觉和自信。

2. 始终坚持以开放和包容的态度看待外来文化

大学生的文化态度应该是开放包容的，而不是封闭狭隘的；应该是面向世界的，而不仅仅是面向本土的。培养开放包容的文化心态，把一切优秀文化视为精神食粮，不断吸收消化，这是在全球化进程中实现民族复兴对每个有素养的公民提出的必然要求。在民族文化与外来文化的双向互动中，既要保持开放态势，又要具有包容态度，这是每一个大学生必备的文化态度，也是文化自信的具体表现。要引导大学生了解和掌握世界主要民族文化的重要特点，密切关注其发展趋势，秉持开放包容、共赢合作的文化心态，推动世界各民族文化和谐共处、共同进步。

3. 始终坚持以崇敬和自豪的态度对待中华优秀传统文化

始终保持对中华优秀传统文化的崇敬和自豪的态度。中华民族的文化历史悠久、波澜壮阔、博大精深，留下了浩如烟海的文化典籍，提供了众多的发明创造。要使当代大学生尊重优秀传统文化，并对其充满坚定的自豪感。同时，又能把它放在世界多元文化格局中进行考察，做到既不孤芳自赏，又不妄自菲薄。应提升大学生对民族优秀文化的崇敬和自豪感，促使其把民族优秀文化当作中华民族生生不息的母体和精神之源，引导他们以一种理性的文化精神继往开来，从而产生文化自信。

（二）将中国优秀传统文化纳入思想政治理论教材

用马克思主义思想武器武装大学生的头脑，一个重要前提是实现马克思主义中国化，一个重要方面就是将马克思主义根植于中国优秀文化之中。因此，教育主管部门和各高校必须加强思想政治理论课的学科建设、课程建设、教材建设，必须把思想政治理论课程教学大纲和教材编写纳入马克思主义理论与研究建设工程，组织专家和骨干教师编写既能全面反映马克思列宁主义重要思想的最新成果，又能反映传统文化优秀成果的教材，努力形成以当代马克思主义为指导的具有中国特色、中国风格、中国气派的学科体系和教材体系。

（三）兼顾个体差异性，强调育人目标多样化

随着社会的发展，个体的个性被放大，个体主体性得到了越来越多的重视，这个时代已经不适应众生一致的生存模式，因此，高校必须重视大学生的个性，突出育人目标多样化。首先要坚持以人为本，注重人文关怀。在思政教育过程中，警觉并抵制整体主义伦理观中否定、压抑个性的内容，在对教育目标的追求中实现由一元质量观向多元质量观的转变。在运用现代理念引导大学生形成正确的价值观取向时，要用心体察个体原有思想觉悟的差异、接受能力的差异，深入挖掘我们所倡导的理念与个体思想实际的对接点，寻找对不同类个体行之有效的教育方法并建立多元化的评估激励机制。其次要落实"三贴近"原

则，强化服务理念，并要因人而异，区别对待。这要求思政教育工作者在工作过程中，先分层次、分对象，再根据不同层次和对象的特点和个性有针对性地选用不同的手段和方法，做到有的放矢。

三、大学生道德认知和道德意志教育

（一）加强大学生道德认知教育

1. 开展主体性道德认知教育

在信息化时代，大学生会接收到各种各样的信息，导致他们在进行道德判断、选择时有些迷茫，甚至一些大学生可能会出现选择焦虑。大学生还不具备完整的心智，所以他们在承受外界压力的时候可能会进行违背内心原则的选择，会产生内心原则与外界压力之间的冲突和矛盾。所以高校在开展思政教育时，应该将主体性道德认知教育作为一个重要内容，以此培养大学生的道德能动性、意志自由的道德人格。通过主体性道德认知教育，帮助大学生了解道德的内涵，掌握道德行为理论，并在此基础上正确地认识自己、肯定自己、发展自己，成为一个对自身有正确认识、可以为自己的行为负责的人，最终能够自如、自在、自由地处理好个人与他人、个人与社会的关系。

2. 开展实践性道德认知教育

高校思政教育工作者在保证其道德认知教育的内容在总的价值追求的目标下的同时，应该充分结合实践考虑教育的内容，设定学生更易接受和理解的内容进行教育，并使其内化为自身的道德需求，让这些教育内容成为大学生自身德行的一部分，使学生能通过亲身经历来感受和思考道德问题，进一步领悟道德内涵。此外，还应注意道德教育内容的全面性，涉及学生学习和生活的道德问题都应该在教育范围内，包括学生在道德成长过程中可能遇到的各种问题，并花费时间和精力对这些事件和问题进行研究和分析。实践性道德认知教育，实际上就是教育者根据一定目的创设系统的道德实践或生活情境，使学生在相应的情境中开展实践学习活动，从而使学生掌握道德认知知识、激发道德情感、产生道德需要，将道德需要作为基础进一步坚定学生的道德信念和意志，保障他们自身的道德行为，提升个体的道德思维能力。

3. 开展道德思维能力培养的教育

道德思维是建立在道德感知和道德观念、外在要求和内心信念之间的沟通桥梁，是一种具有特殊性的思维模式，是道德概念的运动变化和发展。正确地运用道德概念，人们才可以进行道德判断和道德推理，从而全面地掌握道德对象的本质，通过这个过程完成道德思维。对大学生进行道德概念教育的目的是使他们可以正确地理解信息化时代中人与人、人与社会之间关系的本质，可以正确地认识道德关系、道德行为、道德原则等。除此以外，在道德实践中还需要对大学生开展道德推理教育，这是指让大学生在掌握一定的道德概念、判断的基础之上，具备可以通过一个或几个道德判断进行科学地推断得出另一个道德判断的思维能力，并可以以此有效解决特定的道德问题。

（二）加强大学生道德意志教育

道德意志实际上是人的一种精神力量，它是在人们的道德义务实践过程中，通过主动地或自愿地进行一定选择判断、挣脱困难时，表现出的一种顽强的精神力量。拥有坚定道德意志的人可以果断地做出抉择，可以坚定地将认知转化为行为，并可以在实践中一直维持道德行为，最终形成道德品质。

1. 开展自觉性的道德意志品质教育

自觉性的道德意志品质教育，主要是指在行为的发生过程中，大学生可以理性地认知自己采取的目的手段、行为结果、价值实现、所表现出来的道德目的等。具有自觉性道德意志品质的学生具有较强的抵抗性，外界的信息对他们不会造成很大影响，他们会通过自己的理性判断选择拒绝或是接受外界信息。培养学生自觉性的道德意志品质可以使他们从自身的客观实际情况出发，遵循内心的道德准则，并不会轻易地因为外界压力而低头。道德意志品质的自觉性是指那些经过自身的理性思考做出判断而进行的道德行为。高校在开展思政教育时有必要培养学生的这种自觉品质，尤其是在当今的信息化时代背景下，这样才能保证学生面对外界的压力和诱惑时不轻易动摇，可以自觉主动地克服困难，保证自身道德行为的发展方向是健康的、正确的。

2. 开展果断性的道德意志品质教育

果断性的道德意志品质是指大学生可以甄别是非，在合适的时间对某些事件经过思考后做出较为合理、准确的判断，并且可以将自己的判断转化为行动的优秀意志品质。具备该素质的大学生可以把握客观条件，最大限度地使自己的道德行为向正确的方向发展。

3. 开展坚韧性的道德意志品质教育

坚韧性的道德意志品质是指大学生面对一定困难时，能够以充沛的精力和坚韧的毅力完成所要实现的预期目标的一种精神品质。坚韧性的道德意志品质可以让大学生用正确的态度面对困难，不会因为困难而停滞不前或是自甘堕落。在诱惑面前，具有坚韧性的道德意志品质的大学生可以运用道德行为抵制不利因素，可以通过自身的坚韧意志尽量排除不利于道德行为发生的一切因素，使自身的道德行为可以持续朝正确的方向发展，这是他们的道德品质所表现出来的顽强性的特点。此外，坚韧性的道德意志品质还具有坚持性的特点，这是指具有该品质的学生在面临选择时，始终会选择和坚持正确的道德行为，并在保证行为道德的基础上实现自己的行为目的。

4. 开展自制性的道德意志品质教育

自制性的道德意志品质是指大学生在某种程度上所表现出来的一种具有自我控制能力的精神品质。具有该优秀品质的大学生可以自行控制、调节、协调自己拥有的道德情绪，可以经过判断约束自己的道德行为。大学生的积极能动性很大程度上可以通过自制性的道德品质得以表现，同时这也是人的一种本质的力量表现。

通过对大学生进行道德行为教育，可以使他们在现实世界和网络世界中，都可以做出具有善的价值的道德行为。

高校思想教育工作者应按照一定标准选取合适的道德行为方式作为教学素材，采取有效的方式开展教育，将这些道德行为运用到教学实践当中。在开展道德行为选择教育时，充分考虑到学生的主观能动性，让学生可以从主观的角度进行思考和选择，使他们不论是处于现实环境还是虚拟环境都可以做出正确的道德行为。

第二节　大学生思政教育工作创新

一、大学生思政教育在高校教育中的特殊地位

在和平与发展成为两大主题的时代，全球性科技与经济竞争日趋激烈，一些发达国家将科技进步作为称霸世界经济甚至主宰整个世界的首要工程来组织实施，而更多的发展中国家也越来越认识到，如果没有科学技术水平的提高，如果不以先进的科学技术来不断地武装生产力，就不能从整体上发展国家的综合国力，就不能振兴一个民族。然而，科技的竞争、经济的发展、综合国力的提高，归根结底要由高素质的人来完成。因此，发达国家也好，发展中国家也好，都把培养高素质的新型建设人才作为进一步提升国力的根本。这样的现状，对我国提出了专业教育模式必须向适应型复合式素质教育转变的新要求。《面向 21 世纪教育振兴行动计划》中提出：实施跨世纪素质教育工作，整体推进素质教育，全面提高国民素质和民族创新能力，要从总体上提高国民的综合素质。这里所谓的综合素

质，从一般的意义上讲，主要包括政治思想素质、社会公德素质、人文知识素质、专业技术素质等几个方面。其中政治思想素质是第一素质，这是由一个政党、一个国家、一个民族培养接班人的根本原则和目标所决定的。关于对政治思想素质要求的内涵，不同的国家其政治思想素质要求也不同。社会主义国家有社会主义国家的标准，资本主义国家有资本主义国家的标准。从马克思主义者的观点讲，一个人只有在具备良好的政治思想素质的前提下，才能将自己所学到的专业技能运用于祖国的建设事业，才能为民族的振兴贡献全部力量，也才能为人类的正义与进步事业积极努力。

（一）充分认识新时期高校政治思想素质教育的重大意义

我国是社会主义国家，我们的大学是共产党领导的社会主义大学，我国人民民主专政的社会主义性质决定了我们培养的人才必须具有坚定的共产主义信念，牢固树立马克思主义世界观、人生观、价值观，愿为党的事业和社会主义事业奋斗终身。

从马克思主义辩证唯物论的观点看，人的正确思想和世界观的形成不是先天的，而是通过后天的教育引导不断形成发展起来的，并且随着时代的发展和社会的进步而不断地发展变化。青年一代是民族的希望和祖国的未来，我们党领导全国各族人民经过千辛万苦所开创的伟大事业，就是要靠一代又一代青年不断地去完成、去振兴。而大学生是社会公民中接受教育时间较长、掌握科学文化知识较多的高素质的劳动者，他们将来所承担并完成的事业技术性较高，其中的佼佼者对社会的发展与进步所发挥的作用是一般劳动者所不能代替的。他们的思想和世界观、人生观、价值观正处于培养形成阶段，具有很大的可塑性，如果不以正确的思想和社会主义道德标准去教育和引导他们，那么，他们就不能树立远大理想和坚定的共产主义理想，即使具有很高的技术技能，也不能为人类的和平与进步事业做出积极贡献，更不能承担起历史所赋予的光荣使命。所以说，实施素质教育，不仅能使他们掌握较高的现代科学文化知识，更重要的是把他们培育成为具有坚定信念和高度爱国意识的共产主义者。这是我们党在接班人培养中坚持的根本原则。

（二）素质教育中把德育放在首位是党的教育方针的核心

我国人民自古以来就具有重视思想道德修炼的美好传统。自中华人民共和国成立以来，我们党始终贯彻德智体全面发展的教育方针，以培养有社会主义觉悟的、有文化的劳动者为目标，培养出了一大批具有坚定的共产主义信念、对党的事业无限忠诚的社会主义事业的建设者，还有无数的无名英雄。

综上所述，我国高等教育中实施素质教育，必须始终不渝地贯彻党的教育方针，高度重视思想道德素质教育。不仅要使学生学到适应现代化建设需求的业务技术技能和处理、解决复杂问题的能力，更重要的是教育他们树立坚定的共产主义信念，树立正确的世界观、人生观和价值观，在政治上、业务上健康成长，为将来走向现代化建设主战场打下坚实的思想基础和业务基础。

二、加强辅导员队伍建设，促进大学生思政教育

思政教育工作队伍是加强和改进大学生思政教育的组织保证，辅导员是大学生思政教育的骨干力量。因而加强辅导员队伍建设，对于推进大学生思政教育工作具有重要而深远的意义。

为加强辅导员队伍建设，各高校应建立长效保障机制。首先，是辅导员选聘上应严格标准，按照1：200的师生比的要求配备一线专职辅导员，并不断优化辅导员队伍结构。第二，应明确辅导员的工作职责，找准辅导员的角色定位。各高校应按照《规定》的要求，根据本校实际，制定辅导员工作条例，明确辅导员工作职责，使辅导员从繁重的日常事务性工作中解脱出来，专心于学生的思政教育工作。

加强和改进大学生思政教育是高校学生工作的重中之重，关系到党和国家未来的建设和发展。而做好辅导员队伍建设，又是加强和改进大学生思政教育工作的重点和关键，是高校又好又快发展、构建和谐校园的突破口和着力点。可见加强辅导员队伍建设意义之深远。

当代大学生思想政治状况主流是积极、健康、向上的，他们热爱党，热爱祖国，热爱社会主义。但也有少数学生理想信念缺失，国家和民族意识淡化。只有加强辅导员队伍建设，提高辅导员工作能力，才能使辅导员在面对大学生多样性的思想时应对自如，有能力与学生沟通和交流，加强大学生思政教育的针对性，创新教育理论和思路，开创大学生思政教育的新局面。

三、工匠精神在高校思政教育工作中的渗透

高校大学生正在积极学习工匠精神中的优良道德品质和职业素养，所以为了鼓励大学生学习工匠精神中的优良道德品德和职业素养，就需要将工匠精神逐步渗透到高校的思政教育内容中。这一节将围绕工匠精神渗透到高校思政教育中的重要性进行阐述，针对工匠精神在向高校思政教育渗透过程中存在的问题进行分析探索，并提供一系列有效解决措施。

（一）将工匠精神渗透到高校思政教育中的必要性

1. 工匠精神的精华

工匠精神的精华就是专注。专注的概念就是一定要把这件事做好，并且在做事的过程中要细心、耐心、执着。坚持、专注的精神是成为大国工匠必备的精神品质。从大国工匠在工作过程中的实践情况来讲，工匠精神中的专注是十年如一日的执着和坚持不懈。一旦选择从事某种行业就需要全神贯注地投入其中，并且在细节上不断地积累经验，直到成为该领域的佼佼者。

2. 工匠精神的核心

工匠精神的核心是精益，精益就是我们常说的精益求精，具备精益精神的工匠对产品生产的每一个过程都能够将品质追求到极致。精益求精不仅要做好，而且要做得更好，即使小到微不足道的一个零件也要做到极致。

3. 对大学生职业素养形成的影响

让大学生对工匠精神有深入的了解，可以帮助大学生形成健康的人格，塑造正确的职业素养。工匠精神的内涵分别是专注、敬业、精益和创新。大学生只有对工匠精神的内涵有深层次的了解，才能够在日常的学习和工作中将工匠精神贯彻到其中，让大学生树立敬业的精神。

（二）将工匠精神渗透到高校思政教育中采取的措施

1. 培养学生对工匠精神的学习兴趣

为了使工匠精神在高校思政教育渗透过程中更加顺利，首先，就需要提高高校领导对工匠精神学习的重视程度，并且还要意识到工匠精神具有帮助学生形成良好道德素养的优势。其次，高校思政教育工作者在对学生进行工匠精神渗透的过程中，可以使用多媒体技术，让高校大学生观看一些与大国工匠有关的纪录片。通过观看大国工匠的纪录片，可以让学生真实感受到工匠精神的震撼，还可以改善高校思政教育课堂的氛围。思政教育工作者给高校大学生营造良好的工匠精神学习氛围，也有利于提高高校大学生学习工匠精神的积极性，从而加快工匠精神在高校思政教育中的渗透进程。再次，高校为了加强学生对工匠精神的认识，可以将工匠精神渗透到学生的日常生活中。比如：学校的广播里可以播放一些与工匠精神有关的文章；学校可以在展示栏里展示一些大国工匠的事迹；学校可以组织学生进行工匠精神内容的知识竞赛。由此我们可以看出，培养学生对工匠精神的学习兴趣是促进工匠精神渗透到高校思政教育中的主要动力。只有高校大学生对工匠精神感兴趣，才能够确保工匠精神的教学在思政教育工作中顺利开展。

2. 将工匠精神的教学方式进行创新与改革

为了使得高校大学生更容易接受工匠精神的学习，高校可以依据时代的发展对工匠精神的教学方式不断地进行创新与改革。比如：高校思政教育工作者不应该只让工匠精神的教学方式局限于课堂。高校思政教育工作者在对高校大学生进行工匠精神教学的过程中，可以充分利用网络时代的优势，将自己所制作的工匠精神教学课件传到班级的微信群中，让学生在空闲时间自由地学习工匠精神。高校思政教育工作者还可以将工匠精神引入大学生的生活实践中。高校思政教育工作者可以带领大学生到工厂进行参观学习，让学生在日常生活中直观地感受到工匠精神在企业生产过程中发挥的作用，以及工匠精神在工匠身上的体现，从而促进高校大学生学习的兴趣。除此之外，为了能够及时地了解高校大学生对工匠精神学习的实际情况，高校思政教育工作者可以在课堂上增加与学生交流沟通的机会，这样有利于高校思政教育工作者对大学生的精神层面有一个深入的了解，从而针对大学生思想层面的问题有针对性地开展思政教育。

3. 不断提高高校思政教育工作者的职业素养

为了使高校思政教育工作者能够与高校大学生形成一个良好、亲密、生动、活泼的师生关系，需要高校思政教育工作者做到以下几点：

（1）形成良好的学生观

高校思政教育工作者形成良好的学生观，可以确保高校思政教育工作者在教学的过程中发挥高校大学生的主体性，逐步成为高校大学生学习的促使者和引领者。

（2）发扬教学的民主性

为了摆脱传统的高校思政教育工作的影响，高校思政教育工作者在教学过程中可以充分发挥教学的民主性，让高校大学生依据自己的意愿进行工匠精神的学习。民主性的教学不仅有利于体现新时代教学让学生成为课堂主体的标准，还有利于让高校思政教育工作者及时了解学生主观意愿，在开展工作过程中更具针对性。

（3）完善高校思政教育工作者的综合素养

为了使工匠精神在高校思政教育工作中的渗透进展得更加顺利，需要思政教育工作者能够不断完善自身的综合素养。完善思政教育工作者的综合素养不仅要求思政教育工作者能够及时学习时代发展带来的工匠精神知识内容，还要求思政教育工作者能够不断地对工匠精神思政教育课堂的教学方式进行创新，也要确保自己的教学方式能够适用于现代高校大学生的学习状况。除此之外，为了激励和监督高校工作者的综合素养提升，学校还需要对高校思政教育工作者进行理论知识和技能的培训，以确保高校思政教育工作者的思想层面和教学方式符合高校和社会发展的需求。

（4）加强与学生的交流沟通

高校思政教育工作者的工作主要是对高校大学生的思想进行塑造和培育，所以可以通过与学生的交流沟通来了解学生的思想精神。高校思政教育工作者需要带着教学目的与学生进行交流沟通，确切地了解学生工匠精神学习的实际情况，然后再对学生进行针对性的教学。

第三章　高校学生思政教育机制完善

第一节　探索大学生思政教育的有效运行机制

一、大学生思政教育运行机制内涵

(一) 大学生思政教育运行机制的含义

大学生思政教育的运行机制是指大学生思政教育系统的各个构成要素之间，以及与其运行密切相关的社会其他因素之间相互联系和相互作用的工作方式。这种工作方式影响着大学生思政教育系统各构成要素的结构及其功能的发挥。随着我国社会经济体制改革的不断深入，大学生思政教育的运行机制也在不断地进行自我创新，以逐步与社会主义市场经济相适应。

(二) 大学生思政教育运行机制的内容

1. 主体运行机制

主体运行机制是大学生思政教育运行机制的核心，主要包括理论"传送"机制、学习与选择机制、接受机制、实践与自省机制、信息反馈机制五大模块。

2. 保障性的运行机制

保障性的运行机制是大学生思政教育工作的保障，主要包括社会和校内两方面内容，具体说来就是社会动力机制、保障机制和激励机制以及校内保障机制、传统民族文明的继承与发展机制、世界文明的借鉴与选择机制这六部分。

3. 评价性的运行机制

评价性的运行机制是大学生思政教育工作的监督系统，主要由社会评价机制和学校评价机制组成。

（三）大学生思政教育运行机制的特点

第一，系统性。大学生思政教育运行机制是基于系统理论构建而成的有效的机制体系。

第二，整体性。大学生思政教育运行机制是一个由大学生思政教育各环节运行机制所构成的整体体系。

第三，一致性。作为机制体系的一部分，大学生思政教育各运行机制在总的目标上是一致的。

第四，动态性。大学生思政教育各运行机制会随形势的变化而不断地改进与完善。

第五，互补性。大学生思政教育运行机制的各环节在功能上是互补的。

第六，长效性。大学生思政教育运行机制在构建后具有一定的稳定性和长久性，能形成相对的长效机制。

（四）大学生思政教育运行机制的功能

1. 整合功能

大学生思政教育运行机制可以将各种教育资源有效整合在一起，充分调动各有关方面的积极性，形成合力、从而取得最佳的教育效果。

2. 支撑功能

大学生思政教育运行机制是高校教育子系统的机制，支撑着大学生思政教育的大局，也支撑着整个高校教育机制体系。

3. 保障功能

大学生思政教育运行机制是大学生思政教育各要素功能能够正常发挥的保障，是大学生思政教育得以有效有序进行的保障，是实现大学生思政教育目标的保障。

二、大学生思政教育主要运行机制

（一）领导机制

大学生思政教育的组织领导直接关系到思政教育目标和任务的实现，关系到学校各项思政教育活动的统筹和协调以及各项资源整合力量的发挥，它对于大学生思政教育的开展、实施、改进起着统帅作用。

1. 发挥党的政治和组织优势

中国共产党历来高度重视大学生思政教育工作，高校党组织肩负着大学生思政教育工作的重要职责。

（1）坚持党组织的核心地位

党的领导是大学生思政教育工作的核心保证，坚持党委的统一领导，首先必须明确党委的领导职责。党委的统一领导并不是事无巨细均由党委过问，党委领导主要是政治方向领导、决策领导、协调和监督领导。党委要贯彻落实中央和有关部门关于大学生思政教育的文件精神，领导学校思政教育目标的制定、计划的安排，负责思政教育方面的重大决策、机构设置，统筹协调各部门的思政教育工作，整合学校思政教育资源的力量，形成思政教育合力，通过联席会议、听取报告、学生反馈、相关评估等渠道掌握学校思政教育情况并进行监督；坚持党委的统一领导，必须确立党委书记的责任。党委领导是集体领导，对思想政治工作集体负责，每个党委成员都是思想政治工作的责任人。在党委班子中，党委书记是班长，对党委决策具有重要的影响作用，在党委集体负责人中自然是第一责任人，一所高校能否在党委领导下真正将思政教育搞上去，关键在一把手是否重视。

（2）加强高校大学生党建工作

进入 21 世纪以来，大学生党建工作的思政教育功能进一步强化。大学生党建工作在实践中不断创新。

第一，严格大学生党员发展程序。大学生党员的发展应从严格把握党员标准的基础上，严格遵从党员发展的程序，坚持政治审查、集中培训、发展对象公示、党组织集体讨论表决等程序，把符合条件的优秀大学生吸收到党的队伍中来。各院、系在初步确定发展对象后，把相关资料报到学校，学校组织部门在审查后，把发展对象的基本情况进行整理、汇总，然后召集学生处、团委等进行联合会审，严格筛选，共同把关，保证新党员的质量。对发展对象进行系统、严格的培训，把培训表现作为考察、审批的重要内容。通过不同形式的培训，进一步提升发展对象的党的理论知识水平，强化党性修养，促使其在日后的工作、生活中自觉地按照党员的标准要求自己，达到教育、培养发展对象的目的，在发展对象通过会审初步确定后，学校组织部门要组织具有丰富经验的党务工作者组成考察组，直接到学生和老师中听取对该学生的意见，全面了解每个发展对象的情况。定期召开学生党员发展工作例会，及时研究处理发展党员工作中的有关问题，严格审查发展对象。对具备条件的，要及时研究并报党委审批；对不符合条件的，宁缺毋滥，坚决不予审批，但要说明理由，做好解释工作。

第二，加强大学生党组织的思想建设。思想建设是学生党组织建设的首要任务。学生党组织建设工作者应适应不断发展的新形势，针对高校实际，特别是学生思想实际，以切实有效的措施，抓好思想建设工作。

其一，构建学习教育体系的多样化。在组织大学生思想政治理论学习的时候，一方面要抓好传统的学习方式，比如上党课、举办培训班、举行报告会和组织专题讨论等形式，有计划地组织好党团员的集体学习，积极倡导党团员自主学习；另一方面要注意当代大学生学习需求的多样性，采取举行活动的形式，寓教于乐，进行学习。总之要建立健全学习的方式方法，建立系统的述学、评学和督学制度，由党组织对党团员理论学习情况做出评价，给党团员学习做出有益的反馈。

其二，改进学生组织建设，强化学生组织教育功能。学生党团组织，是高校党团组织的最基本单元，是学生组织生活主要场所。学生党团员对党的信念还不坚定，要加强学习型党支部建设，对学生党团员进行经常性教育，把社会主义核心价值体系融入党团员教育的全过程。针对学生党团员的特点，改进和创新党支部的工作和活动方式，创新教育活动方式，增强活动的教育效果，使党组织的教育活动既严肃认真又生动活泼，贴近学生党团员的思想、学习和生活实际，成为学生党团员喜闻乐见的活动方式。

2. 发挥共青团的重要作用

（1）坚持改革创新

团的建设必须坚持改革创新精神。在新的形势下，共青团的自身建设面临着前所未有的一些问题。只有始终坚持党建带团建的根本原则，以改革创新的精神加以研究和解决，才能使团的建设适应新的要求，当前共青团事业正处在一个新的历史高度上，共青团工作要在工作思路上进行观念创新，在工作方式上进行方法创新，在自身建设上进行体制创新，推动共青团工作不断焕发出蓬勃的生机和活力。观念创新就是要在学习继承和坚持马克思唯物主义认识论优良传统的基础上，用新观念、新思维来观察、认识新情况，并努力学习借鉴先进的社会组织理论和管理经验，结合新形势，对团委工作实现认识上实现新的突破。

（2）密切联系学生，发挥团组织的作用

大学生是高校共青团赖以生存和发展的社会根源，大学生不仅在组织上是共青团的后备力量，更重要的是大学生的需要和理想构成了共青团工作的主要内容和主要依据。共青团的社会职能，只有在与广大在校大学生的密切接触中才有实现的可能。衡量团的社会价值的标准之一，是看它能否代表大学生最重要的利益，对学生发展和引导有多大的作用，在学生中有多大的影响力。中国共产党的根本宗旨是为人民群众服务，把科学发展观和社会主义核心价值观落实到高校团建中去，就是要为广大在校大学生服务。因此，在引领学生、服务学生中发挥团组织的先进作用，是团委建设目标的重要内容。

（3）加强团委思想建设

团委思想建设的基本形式是坚持开展团的组织生活。团的组织生活是团组织对团员进行自我教育的主要形式，一般是指团的支部大会、团小组会，以及团的基层组织面向大学生开展的以思政教育为主要内容的各种活动等。

思想建设的重点不仅仅要存在于现实之中，还要在网络上开展。网络是大学生交流的一个重要平台，因此网络社区也要成为开展团员青年思想教育的载体和阵地，积极建设大学生思想教育网站，占领网上思想教育的阵地，加强网站的服务力度，增强团组织思想教育的吸引力，通过学习、就业、交友、心理咨询、法律援助等大学生感兴趣的、能切实为大学生服务的形式建设网站。

活动是团的基层组织较为经常采用的一种组织生活形式，共青团组织已经积累了丰富的活动经验，并有待继续深化。团的组织生活采用活动形式不仅能开阔大学生的视野，增长知识才干，而且能够使团的组织经常保持旺盛的生机与活力。在团的工作逐步向社会化拓展的形势下，要认真研究和探讨如何使活动更适合团员和青年特点，坚持思想性、知识性和趣味性的有机结合。同时，要注意调动大学生的主观能动性，使他们的积极性得到充分发挥。在活动中有意识地进行自我教育、自我提高。开展团的组织生活必须坚持改革，从团的性质和大学生特点出发，注意朝着组织生活内容的针对性、形式的多样性和制度的灵活性方向发展。要针对不同层次团员青年的不同特点，设计开展以弘扬社会公德、职业道德，倡导文明健康、科学方式为目的的大学生志愿者、青年文明号、希望工程、手拉手等大学生喜闻乐见的实践活动，使广大团员青年在具体的活动中践行良好道德规范，受到教育，陶冶情操，提高素质。

（二）制度管理机制

制度是规范化、定型化的行为方式与交往关系的体现，是管束、支配、调节和统一个人行为的规则和程序，具有指引、导向、约束、激励和惩罚的作用。随着高校内部管理制度改革的推进和招生规模的不断扩大，高校后勤社会化、课程学分制、学业和就业压力增加等因素，给大学生管理工作带来了新的挑战，提出了新的要求。为此，建立和完善大学生制度管理机制，树立依法管理观念，健全管理制度体系，是实现大学生科学管理的重要保障。

1. 加强法治建设

观念指导行为，是行为的先导。法治不但是一种治国方针和社会秩序，而且还是一种观念意识，一种把法作为社会最高权威的理念和文化。有效的管理必须依靠法治来保障，建立以人为本、民主、法治的法理环境是大学生实现有效管理的重要保障。

（1）尊重学生主体

教育在社会发展和个人发展中起基础性作用，教育最重要的目标是使每个人发展自己的才能和创造潜力。尊重学生主体地位，发展学生个性特长，是现代大学最重要的办学理念之一，这要求高校及其管理者做到：以人为本，认同学生的主体地位；强调服务，满足学生的个性需要；讲求宽容，为学生发展提供宽松环境。高校学生工作管理者在制定学生制度、确定任务和思考问题时，都应当紧紧围绕"培养人才、服务学生"这一主题，使管理中的各个细节都能体现出一切为学生成才服务的目标。尊重学生主体地位、促进学生主动发展的观念，就是要把学生作为教育的主体，尊重学生的主体意识，突出主体性教育，倡导和发挥学生自我教育的主动性、积极性和创造性，使学生真正成为学习的主人。在高校学生管理工作中，要以学生为本，积极引导学生形成正确的世界观、人生观和价值观，要加强对大学生内在心理和成长规律的研究，要关心学生、了解学生、沟通学生、理解学生、善待学生、尊重学生，实行民主管理，给予学生更多的个性成长空间和自主选择权利。

（2）完善立法体系

高校学生管理工作法治化是高校依照国家法律的规定对在校大学生的学习、生活、社会活动等各个方面实现全方位指导、教育、服务和管理的学生管理工作模式。学生管理立法涉及的内容是全方位的，需要建立一套完整的体系，包括宪法的有关规定、基本法、单行法、行政法规、地方性法规和规章制度六个层次。近年来，虽然我国的教育立法体系得到快速发展，形成了初步的体系，但仍然不够完善，仅有教师法和未成年人保护法两部教育主体的法律，还没有以学生为主体的专门法律。同时，一些法律不能适应新形势的要求，缺乏时代感和针对性。还需要尽快完善立法体系。

2. 健全管理体系

管理制度主要涉及学生的生活、学习和行为规范以及各种专项管理制度，主要有行为准则、文明公约、生活学习管理制度、学籍管理办法、评价措施、奖惩规定和资助管理条例等。完善的学生管理制度既为学生管理提供了依据，也为学生管理指明了方向，做到人人有规可依、事事有章可循，有助于提高大学生管理工作的规范性和公信力，且制度得到学生认可后，学生能够自觉自愿遵守，合理地调整自己的言行，使个人的发展适应学校教育管理的要求。

（1）管理制度特点

制度的最大特点就是规范性、权威性、指导性和稳定性。大学生管理制度，是师生共同认定的价值追求和遵守的行为准则，体现法治的精神和教育的标准，其制定过程及其本身具有严谨科学、表述准确到位的特点。规范性，是指制度规定了学生的行为标准和模式，其行为是有拘束的、有节制的；权威性，是指在规章制度范围内，人人都必须遵守，任何人不得置身于制度之外，这是制度发挥行为约束力的关键；指导性，是指制度能使学生预见个人或他人的行为后果，并选择自身的行为模式，它有引导学生向良性发展的作用；稳定性，是指规章制度一旦制定，不能朝令夕改，要保持其相对稳定性，这是保证制度严肃性和权威性的关键。高校在大学生管理制度体系的构建中，必须认识和适应制度的这些特点。

（2）基本制定原则

学生管理制度的建立既不能脱离管理对象的现实状况，也不能离开学生的历史境遇。诚然，制度来自高校学生管理的实践，但又对高校学生管理带有指导作用。在大学生管理制度的制定和设计过程中必须遵循一些基本原则。

一是把握办学方向和人本原则。要坚持社会主义的办学方向，激发大学生勇担民族复兴、祖国富强的历史责任，同时，又要从大学生的实际出发，做到以人为本，尊重学生的人格和个性差异，给予他们鼓励和信任。

二是树立制度导向和明确标准。要明确大学生的行为准则，让他们清楚自身享有的权利、承担的义务，应该做什么而不能做什么，强化对自己行为负责任的认识，要引导大学生朝着上进的方向发展。

三是坚持激励和约束有机结合。在制度的设计中，要把"激励为主、处罚为辅"的原则贯穿始终，设定科学合理的激励目标和机制，鼓励大学生积极进取、奋发图强。

四是体现公平民主的原则。大学管理制度的设计应当做到权责分配科学，让学生和教师都参与到制度的建设中来，提高制度的适用认可度。

（3）形成完整体系

高校学生管理的规章制度在发挥建立和维护学校的正常秩序、提高管理效率、完成各项教育活动等方面起着十分重要的作用。依法对大学生实行教育和管理，必须建立科学、规范、完整的学生工作规章制度体系。

大学生管理工作是一项系统工程，包括大学生日常管理、新生入学教育、教学实践环节、就业指导、毕业论文设计、宿舍管理、奖惩评估、日常行为规范等，这对学生管理部门提出了很高的要求。如《学生手册》《学生违纪处分条例》《学生综合测评办法》《学生早操管理办法》《学生内务文明卫生制度》《学生宿舍安全保卫制度》等，这些规章制度不但要制定得科学合理，而且还要形成一套完整的管理体系，各个制度之间既有高度的独立性，又相互支撑，互相补充，共同构建学生管理制度体系。再者，高校学生管理制度的规范系统，不但应当涉及学生主体行为的各个方面，还要包括管理部门与人员主体。比如，学生专职管理队伍的资格聘任制度、培训考核制度、监督晋升制度、工作薪酬制度；学生参与学校管理的知情权、建议权和参与决策等方面的制度等。只有把制度覆盖到学生管理的各个方面，才能形成完整的学生管理工作规范体系。

3. 落实管理制度

当前，高等教育迅猛发展，学生规模日益扩大，学生的世界观、人生观、价值观日趋多元化，各项教育改革纷至沓来，大学生管理工作的难度加大。所以，在制定了科学的学生管理制度、形成了完备的学生管理体系后，制度的落实就成为最重要的问题，它直接关系并最终决定了大学生管理的效果。在实施大学生管理制度过程中，要注意以下几个方面的内容。

（1）维护合法权利

大学生不但享有公民的基本权利，而且作为受教育者，又享有法律法规规定的特殊权利。作为学生，他们不仅是学校管理的对象，同时也是学校管理的主体之一。学生不但有义务服从学校的教育教学管理，同时也可以对学校的各项工作提出意见和要求。因为，作为管理对象，他们对学校的管理服务质量、服务水平、管理能力和工作情况都有一个最真实、最深切的感受和体验。高校管理部门和管理工作人员要时常倾听他们的心声，更好地了解学生的需求和愿望，不断改进管理制度，提升管理工作的整体质量。对于学生的合理建议，更应引起高度的重视。为此，学校要建立学生快速反馈机制，畅通信息渠道，及时处理问题。例如，可以通过学代会、学生代表、校领导信箱、部门接待日、校内论坛等形式，为大学生提供一个反映意见、参与学校管理的平台，推进学校管理民主化，切实维护大学生合法权益，提高管理工作的层次水平。

（2）明确法定义务

权利与义务具有对等性，在享受了某种权利的同时必须承担相对应的义务。一方面，大学生维护自身利益的意识越来越强，他们勇于向学校主张自己的权利，甚至运用法律手段来维护自身权益，这是应当肯定的。但另一方面，有的大学生对于必须要履行的义务却担当不够。因此，对于学生，高校在给予权利保障的同时，还应让他们充分地认识到自己所要承担的责任和义务，增强他们的法治观念，引导他们自觉遵守法律法规，端正个人行为，履行学生应尽的义务。

在大学生管理工作中，就要求学生工作者具有"以人为本、和谐发展"和"全面育人"的工作理念。在坚持以"公平、公正、公开"的原则开展日常管理工作的同时，也应根据形势需要，经常举办各种既蕴涵严肃的政治内容、又洋溢着优秀文化传统与风情的校园文化活动，营造平等和谐的良好氛围。

（3）管理教育结合

坚持教育与管理相结合，就是通过建立健全各种规章制度，规范学生的行为，把学校所提倡的各种思想观念、道德标准融于各项管理工作之中，渗透到学生的工作、学习和生活之中。将思想引导与行为规范相结合，通过管理育人，使思政教育由虚变实，由软变硬，将自律与他律统一于人们的实践活动之中，这是新时期思政教育的一个重要发展。要培养高尚的思想道德，形成良好的社会风尚，解决人们的思想认识问题，仅仅靠思想教育是不行的。因此，要注重教育与管理相结合，使思政教育与严格管理相互作用，相互补充，形成自律与他律、内在约束与外在约束结合的机制。大学生是青年的特殊群体，对他们的思政教育必须依据不同的内容来确定与之相适应的方式、方法，教育要照顾他们的特点，贴近他们的生活，应灵活运用他们易于接受的方式方法，如心理咨询、典型教育、经济救助、帮扶教育等，以适应他们的需要。大学生思想品德的形成和发展，不是经过一两次教育就能实现的，往往需要经过多次教育、认识和实践的反复。大学生思想品德形成过程中，经常受到外界干扰和影响，再加上自身心理品质不稳定，可能出现思想行为上的反复，有时，甚至会向完全相反的方向发展。针对大学生思想行为上的反复性，对大学生的思政教育应有针对性地实施教育过程的反复。

（三）评估机制

大学生思政教育工作评估就是教育主管部门或高校根据大学生思政教育工作的目标、要求以及大学生的思想实际，确立指标体系，运用测量和统计等先进方法，对大学生思政教育工作的保障机制、实施过程及实际效果等进行价值判断的过程。

1. 评估机制的类型

为达成评估目的，可以从不同角度和按不同标准对大学生思政教育工作进行评估。评估的类型不同，评估所产生的作用也会有所不同，但评估的类型必须服从评估目的。基于对大学生思政教育工作的评估现状，可以依据一定的标准划分为以下类型。

（1）宏观评估和微观评估

依据评估对象的不同可以分为宏观评估和微观评估。宏观评估是以全国、某个地区或一所大学为对象，评估其大学生思政教育工作的整体效应。微观评估是以一所大学的某一单位、某一个人或某一特定教育活动为对象所进行的评估。宏观评估的目的是获得关于大学生思政教育工作的整体、概括性的认识；微观评估的目的是获得关于大学生思政教育工作效果的具体的、个别的认识。

（2）动态评估和静态评估

依据大学生思政教育工作状态的不同，可以分为动态评估和静态评估。前者是对大学生思政教育的过程和大学生的思想政治素质变化的状况所进行的评估，后者是对大学生思政教育工作已经取得的成效和大学生思想政治素质已经达到的水平所进行的评估。

大学生思政教育工作是一个不断发展的实践过程，其效果的体现也是一个动态的过程，因而，应对大学生思政教育工作进行动态的评估。但大学生思政教育工作也有相对静止的一面。大学生思政教育工作的静态评估，就是以大学生思政教育工作相对静止状态为依据所进行的评估。动态评估和静态评估不可偏废，应当结合进行，只有这样才能真正把握大学生思政教育工作的规律性，符合评估科学性的要求。

（3）单项评估和综合评估

依据大学生思政教育工作评估内容的不同，可以分为单项评估和综合评估。单项评估是对大学生思政教育活动的某一个方面、某一项指标或某一个环节所进行的评估。单项评估是综合评估的基础，它的准确性影响综合评估的准确性。综合评估是从整体上对大学生思政教育工作所进行的评估，包括对大学生思政教育工作的主体、内容、过程及效果所进行的综合考评。

（4）失误性评估和成功性评估

依据大学生思政教育工作后果的不同，可以分为失误性评估和成功性评估。大学生思政教育工作的后果大致可以分为两个方面：一是失误（或失效）的后果，一是成功的后果。失误性评估重在查找问题、分析失误（或失效）的原因，目的在于从失误（或失效）中吸取教训，从失误中探索大学生思政教育工作的规律与正确的方法。成功性评估是对大学生思政教育活动中取得成绩与成功经验所进行的评估，目的在于从成功中总结经验，探索大学生思政教育工作的规律，推广先进经验。

另外，还可以依一定标准分为定期评估与不定期评估，事先评估、中间评估、事后评估，要素评估、过程评估、效果评估，实地评估与通讯评估，诊断性评估、形成性评估和总结性评估，绝对评估、相对评估等。

2. 评估指标设计

（1）高校自评与组织考评相结合

大学生思政教育工作评估，应该采取"高校自评"与"组织考评"相结合进行。高校对照评估标准和指标体系进行体系建设和自我评估，并逐项列出评分理由。高校自评应该结合实际，组成自评小组，分不同部分，针对不同内容开展考评，形成自评报告。自评报告的内容必须包括现状描述、工作实绩和努力方向。组织考评主要是指由校外专家进入高校，做必要的实地考察、提取报告、档案查证、数据核实和学生座谈等，然后根据自评报告和实地考核情况，逐项进行审核评估。各项评估和测评结果均直接纳入大学生思政教育最终综合评估成绩。

（2）征求意见与组织审定相结合

评估体系涉及高校教育管理各方面，与高校自身建设和发展密切相关。因此，在开展组织评估的时候，评估者应当广泛听取被评估的高校领导、教育工作者和学生以及不同方面的意见，不应当主观臆测，贸然下结论，对提出的意见要认真研究，注重评估的民主化和公正透明，既要如实反映现状，又要确保评估质量，从实际出发，力求观点明确、依据可靠、佐证有力。在听取意见的基础上，还必须以审慎的态度做好组织审定工作，控制好测评中可能存在的误差，保证综合评估的效度和可信度。

（3）等级认定与通报表彰相结合

评估指标体系从评估结果上看，可分为"好、良好、合格、不合格"等类别和等次，在依次级差之间设计出相应的量化分值区间，便于评估体系的实际操作与运用，并反映高校、教师、学生、教育部门和教育过程的总体状况。评估等级之间的比例要有总体控制。评估结果要给予运用，达成评估实效。评选结具作为今后评估高校育人质量，评奖评优的依据之一。同时，对于不合格的高校要给以一定的行政处理和提出有效的整改措施，必要时进行公布曝光，并取消其有关资质。

总之，评估只是手段，并不是目的，考核评估的最终目的是进一步加强和改进大学生思政教育工作。

第二节　发挥大学生思政教育的竞争激励机制

一、发挥新时期大学生思政教育的竞争激励机制的总体思路

竞争激励机制包括竞争和激励两种机制，在大学生思政教育竞争激励机制的问题上，

首先需要明确竞争激励机制的总体思路。

（一）竞争激励机制的目的是促进社会可持续性发展和大学生全面发展

对于"哪些行为和成果是予以肯定，需要奖励的""哪些行为和成果是予以否定，需要惩罚的"都必须有统一的认识，必须从全局高度和长远利益考虑，从社会与个人互动的过程进行考虑。如果思政教育竞争激励机制依据混乱，或者学校、社会和家庭中的竞争激励标准相悖，就会使大学生在学校、社会中的言行举止前后矛盾，相互脱节，这样就会使我们的思政教育误入歧途。因此必须从战略和全局的高度上总结这个问题，正视这个问题。从心理学上讲，大学生思政教育的竞争激励机制是为了调动教育主客体的积极性、主动性，发挥主体的潜能。结合我国的具体实践，就是要站在社会可持续发展和大学生个体全面发展的高度上，在社会与个人的和谐共存中，使竞争激励机制有章可循。

（二）竞争激励机制要"以人为本"，重点在于激励

竞争激励机制中主要是激励机制，奖励抑或惩罚，其目的不在于对主体的约束，而在于对主体的激励。激励是思政教育活动的一种重要方式，与思政教育的工作目标相一致，是一种激发人的行为动机、维持和提高人的动机水平并使其朝着预定的目标持续努力的管理措施和教育手段。激励原则是思政教育的基本原则。思政教育的对象和主体都是学生，思政教育就是做人的工作，做人的工作关键是增强吸引力和有效性，从而发掘和调动人的积极性。通过竞争激励机制，可以起到激励先进、鞭策后进、督促中间的作用。其内蕴的教育方法是"疏导式"，而不是"填鸭式"或"灌输式"。大学生思政教育竞争激励机制的重要作用在于激发教育主体的潜能，并以此引导他们树立科学的世界观、人生观和价值观。

（三）科学的评价机制直接制约大学生思政教育竞争激励机制的实效性

对大学生思政教育的评价是否科学、合理将直接影响竞争激励机制的实效。对高校思政教育工作的正确考核、评估，对思政教育队伍的科学考核、评价，对思政教育主体——学生的科学评价机制都要通过一定的竞争激励机制手段，直接影响着高校、教师和学生的切身利益。反之，陈旧的评价观念、单一的评价内容、简单的评价方法和单向的评价主体都会制约科学竞争激励机制的形成，科学评价机制与竞争激励机制相辅相成，和谐共生，才能为社会的可持续发展和大学生个体的全面发展提供保障。

（四）社会合力和有利的社会环境是确保竞争激励机制长效性的关键

要保障大学生思政教育竞争激励机制的长效性，仅仅强调思政教育队伍和学生本身的权责是远远不够的。按照马克思主义的观点，人的本质是一切社会关系的总和，是社会全部的经济关系、政治关系和文化关系的具体体现，这也就决定了大学生思政教育竞争激励机制的实效性和长效性需要在社会实践中得以加强和保障，汇集社会各方面的合力、营造良好的社会氛围是确保大学生思政教育竞争激励机制长效性的关键。

二、大学生思政教育竞争机制

（一）竞争与竞争机制的含义

竞争是人类社会普遍存在的一种现象。社会的竞争是个体或群体为满足自身需要而与其他个体或群体展开的比较与竞赛并力求取得有利地位的倾向，具体到学生个体的竞争行为，竞争机制指在高校学生之间由相互竞争而引起的关联和制约关系，并通过学校内在构成要素的调节以适应外部环境变化，从而求得生存发展的活动机能。

（二）大学生思政教育竞争机制的作用

马克思主义认为，凡是有共同劳动的地方，就可以出现个人的竞争。竞争是调动一切潜能的动力。原因在于竞争是公正的评判人，竞争使得外在的压力转化为内在的动力，通过利益调整激发活力。所以，我们应该认识到竞争不仅是一种客观存在，还是一种动力。

1. 有利于调动学生的学习积极性和进取心

在激烈的竞争条件下，学生对成功的渴望会更为强烈，对学习将会表现出更加浓厚的兴趣，克服困难的意志更加坚定，争优取胜的信念也更加坚强。学生受到竞争目标的鼓舞，会有获胜的强烈愿望，这种心理状态正是影响学习效果的决定因素之一。处在这种心态下，学生往往观察力敏锐，思维活跃，眼界开阔，精力充沛，因而会大大提高学习效率，调动学习积极性，振奋进取精神。

2. 有利于促进学生的自我教育与自我管理

由于竞争目标明确具体，又有阶段性竞争结果的公布，学生明向自己在竞争群体中所处的位置，以及自身的优势和劣势，从而不断调整个人的竞争计划，规范自己的思想与行为。同时在团体竞争中，团体的优胜可以使每一个个体受到鼓舞，增强团体凝聚力。

3. 有利于对竞争实施有效的调节和指导

在竞争机制中，教育者可以从繁杂的事务性工作中超脱出来，站在一个更高层次对竞争实施有效的调节和指导。同时，通过深入细致的思政教育，对每个学生进行具体分析，帮助学生在竞争中正确评价自己。

4. 有利于形成高效的管理体制

竞争机制可以使管理的形式保持长时间的相对稳定，便于形成高效的管理体制。而且由于培养目标的相对稳定，竞争目标系列也可以相对稳定。如果需要适应不断变化的新情况，只需在目标系列的具体内容上做适当的调整，就可避免在学生教育与管理中因方式变化而使学生无所适从，促进了学生管理的制度化、科学化、规范化。

（三）大学生思政教育竞争机制的实施

在大学生思政教育竞争机制的实施时，民主公平是最重要的原则。它要求在教育与管理中让竞争主体拥有平等参与竞争的机会，在竞争过程中要有公平的竞争规则做保障，竞争结果要公开。

1. 竞争目标要公开明确

学校培养学生都应当以有理想、有道德、有文化、有纪律为目标，使其成长为德才兼备的人才。这一培养目标，是学生奋发向上、努力成才的方向，也是衡量每个学生成长的尺度。为此，要把确立竞争目标、引入竞争机制和培养合格学生紧密地联系起来，为学生确立一个正确的竞争方向。

2. 评优评奖细则的制定要严格

评优主要包括先进个人（三好学生、优秀学生干部、优秀团员、各类积极分子等）和先进集体（先进班集体、文明寝室、先进社团等），评奖主要包括各类竞赛奖项、各类奖助学金等。思政教育者应该按照目标要求，结合具体情况制定各种评优的细则。评优细则应事先公示并接受学生的反馈意见，而且写入《学生手册》。细则内容应根据形势的发展和要求的变化而不断补充和完善。

3. 引导合理竞争

引导合理竞争是形成充满生机与活力的竞争局面的条件，也是思政教育者对竞争实施宏观调控的有效方法。具体可以从以下几个方面来入手：

一是个人评优与现实表现相结合。克服个人评优仅凭成绩优劣而不看现实表现的情况，从德、智、体、美、劳五个方面加以评定；兼顾学生个体在某一个方面的特殊素质与特殊贡献，从而在竞争过程中体现出共性与个性的统一，有利于克服"智育硬指标，体育软指标，德育空指标，能力无指标"的倾向，形成一个公平竞争的良好局面。同时引进学生互评的机制，确保公平、公正。

二是集体评优与个体因素相结合。集体评优评奖要考虑个体因素，调动个体的积极性，可以把个人竞争成绩和团体竞争成绩紧密联系在一起，促进竞争与合作，扩大竞争规模；对在各种活动中取得优胜的班级、团支部、寝室、小组的奖励积分可分解到各成员之中。同样，对违反校纪校规，损害国家、学校、班级利益的个人或团体，也应视情节轻重，罚扣积分。从而使学生在活跃校园生活、遵守校纪校规等方面形成一种竞争局面，也形成团体内"竞中有帮，争中有助"的协调合作的竞争局面。

三、大学生思政教育激励机制

（一）激励与激励机制的含义

激励是管理学的一个重要概念，它作为管理的一项重要职能，是建立在满足个人某种期望的基础上的。激励就是引导人的动机，引发人的行为。按照心理学的原理，激励是强化需要的手段，管理者通过激发鼓励，可以最大限度地调动被激励者的主观能动性，发挥一个人的最大效能，从而更快更好地实现管理目标。

激励机制就是指在组织系统中，激励主体运用多种激励手段与激励客体相互作用、相互制约的结构、方式、关系及演变规律的总和。

激励机制对客体的作用具有两种性质，即助长性和致弱性，也就是说，激励机制对客体具有助长作用和致弱作用。从形式上讲，激励机制分为外在激励和内在激励（或称自我激励）；按激励持续时间可分为长期激励和短期激励；按激励的类型来分可分为物质激励、精神激励和情感激励。众多的激励机制又可以分为两个方面：一方面是奖励激励机制，另一方面就是惩处激励机制。

（二）大学生思政教育激励机制的作用

激励机制一旦形成，它就会内在地作用于组织系统本身，使组织机能处于一定的状态，并进一步影响着组织的生存和发展。激励机制作为现代教育与管理的一种职能和手段，是高校思政教育中比较有效的一种方式，它可以最大限度地调动学生的主观能动性。实践表明，大学生的学习、生活状况如何，取决于学生自身努力和教师的引导和激励。思政教育要更重视激励的作用，利用各种激励方式激发大学生成才的积极性。

1. 有利于挖掘学生的潜力、激发其创造性

从理论上说，需要产生动机。人的行为都是有目的的，都是受到某种引发和引导而产生的。因此人的活动实际上是"需求—动机—激励—行为"这一过程的周而复始。"激励"包括"自我激励"和"外因激励"两个方面。当人产生某种需求时，就会调动自身潜能，积极创造条件来实现这种需要。思政教育者要善于把握学生的真正需要、长远需要，并将满足学生需要的措施与实现组织目标有效地结合起来。科学研究表明，人是具有极大潜力的，但能否充分挖掘出来，则取决于激励机制是否有效。在激励因素的作用下，学生内在的潜能得到激发，个人和学校就充满生机，就会形成一股推动力。学校可以通过开展各种竞赛活动，激发学生的积极性，充分挖掘学生的潜能，培养学生的创新精神。

2. 有利于激发学生的学习动力，形成良好学风

激励机制包含着竞争精神，它的合理运行能够创造出一种良性的竞争环境，进而形成良性的竞争机制。在具有竞争性的环境中，学生就会受到环境的压力，这种压力将转变为他们努力学习的动力。激励尤其是精神激励具有的教育性，能鼓励广大学生不断反省自己、鞭策自己，以正确的观念和积极进取的态度去努力实现学习目标。同时，通过激励机制，对学生符合学习目标的情感、意志和行为也会予以支持和强化，对不符合学习目标的意识、欲念和冲动则予以约束和弱化，从而增强组织的凝聚力，形成良好的学风。

3. 有利于强化思政教育的效果

激励机制是对学生进行教育、实施管理的一种手段。既可以从正面来肯定学生思想、行动的积极因素，根据有关规章制度给予精神或物质上的奖励，以达到鼓励先进、发扬正气的目的；又可以针对学生思想、行为中的消极因素，根据不良行为的情节轻重和有关规章制度给予批评教育或一定的处罚，以达到明辨是非、纠正错误、促进转化的目的。

（三）大学生思政教育奖惩机制的强化

大学生思政教育奖惩机制的强化要按照奖优惩劣原则，这是发挥思政教育作用的重要条件。激励机制的形成，要从以下问题入手。

1. 制定奖惩规章制度

奖惩规章制度通常也叫"游戏规则"，是激励机制形成的基础。奖惩规章制度的制定必须科学、合理，标准明确，措施可行，易于操作。要做到这一点就要在制定制度的过程中，认真学习有关法律法规，以法律法规为准绳，同时要注意调查研究，善于听取各方面的意见，尤其是广大同学的真实想法。只有这样才能做到制度与措施合法、合理、合情，

才有群众基础，才能充分发挥其激励功能。

2. 考评材料档案化

对学生实施奖惩必须有根有据，学生的各项考评材料必须保存齐全，这是有效实施激励机制的依据。因此，在日常管理过程中，对每一个学生都要建立相应的档案，对其平时各方面的表现做好记载。只有这样，在实施奖惩机制时才能尽量减少主观偏差，增强客观性，做到有据可查，使学生口服心服。

3. 奖惩结果公正化

奖惩结果的公正化是有效实施激励机制的要求。对学生实施奖惩要实事求是、标准统一、一视同仁、科学适度。只有坚持公正这一原则，才能维护奖惩工作的严肃性，真正发挥奖惩工作的激励教育作用。所以在进行奖惩的过程中，要多让普通同学参加日常的管理、检查、调查，使每一项政策性行为都能转化为广大同学的集体行为和集体意愿。

4. 处理措施时效化

处理措施时效化，就是奖惩措施必须紧跟在行为发生之后进行，这是激励机制发挥作用、产生较好效果的保证。一旦时过境迁再进行处理，就会降低效果。所以奖惩结果公布之后，其处理措施也应相继落实，这样既教育了个体，也激励了整体，效果才会显著。

5. 激励方式适当化

表扬的方式和范围要适当，表扬的面要适量，表扬学生要适度。批评要与人为善，对事不对人；语言上要尽量使学生感到你是在帮助他，而不是在批评他，要在批评中给学生以启发。要善于运用榜样激励机制，即通过发现、树立正面典型，用先进人物的优秀品德和模范行为感染和影响学生。榜样激励有多种方式，如评选优秀大学生、参加先进事迹报告会、学生党员示范活动等。要引导学生对照榜样进行分析，找出差距，明确方向，付诸行动。

6. 信息反馈网络化

奖惩措施必然会在同学中产生一定的反响，反响意见中既有正面的，也有负面的；既有中肯的，也有偏激的。但有一点不能否认，那就是学生的意见总是有一定原因的。如果找不到学生意见的原因，思政教育就会缺乏针对性，失去主动性，甚至使同学产生抵触情绪。为此必须有一个完善的信息反馈网络：一方面，要让学生有提意见的地方，扩大信息来源；另一方面，要对有些意见进行适当引导，使学生了解全面情况。

第三节　完善大学生思政教育的自我管理机制

一、大学生思政教育的自我管理概述

（一）自我管理及大学生自我管理

管理学的基本理论认为，管理是人类生活中最基本和最重要的活动之一，是任何组织必然存在和不可或缺的活动，是保证组织有效运行的必要条件。所有组织，无论其性质如何，都只有在管理者对其加以有效管理的条件下，才能按照所要求的方向行进。我们认为，不仅社会组织存在管理的问题，作为个体的人，也有自我的管理问题存在。个体同样具有对自身进行有效管理的一系列问题需要加以思考和解决。这种个体对自身的管理，我们称之为自我管理。所谓自我管理，就是指个体对自己本身，包括自己的目标、思想、心理和行为等表现进行的管理，其主要特征是自己把自己组织起来，自己管理自己，自己约束自己，自己激励自己。自己既是管理的主体，又是管理的客体。

大学生自我管理就是大学生个体为了培养全面发展的素质，而进行的自我认识、自我评价、自我约束和自我激励的活动，是大学生个体充分调动自身的主观能动性，有效利用和整合自我的资源，运用科学的管理方法，展开的自我学习、自我教育、自我发展、自我完善的活动。

（二）大学生自我管理特点

1. 个体性特征

从本质上讲，大学生活的自我管理是每一个大学生个体的独立行为活动，是个体的主动性的发挥和个人独立管理自我的主体意识的觉醒与外化。尽管这种自我管理的行为要受到外界条件的影响和制约，受到社会环境和大学文化的引导和牵引，但其仍然是一种个体的主动性的活动，个体性特征是明显的。

2. 学习性特征

大学生活的自我管理无论其外在的表现方式如何，但其根本是旨在提高大学的学习效益和效率的活动，大学生活的自我管理始终是围绕着学习这个中心展开的。当然大学学习的内涵是广义的，包括学会生存的技能和人际沟通的能力。大学四年自我管理的效果如何，要最终通过学习的效益来评判。说到底，自我管理的措施与执行的形式都是外壳，其内核是学习的效益如何，有没有通过自我的管理达到四年的最佳学习效益才是主要的考量。

3. 动态性特征

在大学的四年里，大学生个体对自我的管理过程是一个随着时间推移而循序渐进的过程，是一个动态的管理过程。这个过程是由管理者建立管理的雏形，进而不断充实、补充、调整与完善的过程，是分散地管理到系统管理的过程。其动态性特征是显性的表象。动态性特征决定了大学生的自我管理的作用和意义，决定了这一过程是个体自我管理能力不断提升的过程，是对自我的认识逐步科学的过程，是自我心智进步与发展的过程，这一过程还是对高中生活的继承和对未来人生铺垫与奠基的过程。

（三）大学生自我管理的内容

1. 自我认知

自我认知是大学生自我管理的基础条件，是作为管理主体的大学生对自己的言行和特点的感受和了解。只有了解自身的性格特征、心理状况、学习生活习惯、自身的优势和劣势，才能够扬长避短。

2. 自我计划

自我计划是自我管理的重要组成部分，只有完善的自我计划才能使大学生活做到有目标、有组织，才能增强大学生活的实际效率。

3. 自我控制

自我控制是实现既定目标的保证，是一种有利于自身、他人和社会的自律活动。自我控制通过自身检查实现目标的进度和质量，通过自我纠偏，使自己的思想和行为有利于实现目标。

4. 自我激励

自我激励是引导自我行为的重要一环，是自我管理的推动力，是由于个人内在的动机和愿望而产生的一种驱动行为，是自我向目标前进的心理活动过程。

（四）大学生自我管理的作用

1.大学生自我管理既是手段又是目的

一方面，自我管理是大学生自我修养、自我约束的一种方式；另一方面，自我管理又是大学生提高自我、顺利发展的目的和体现。从人的发展来看，精神和道德追求是建立在人的本质和需要基础上的高层次的价值目标；从教育和管理的发展来看，教育和管理的直接目的是自教和自律。如果说"教育的目的就是为了不教育"，那么也可以说"管理的目的就是为了不管理"。

2.大学生自我管理既是一种规范和约束，又是一种选择与自由

一方面，大学生自我管理是一种自我控制，使言行遵循一定的秩序；另一方面，大学生自我管理更是一种自觉自愿、自主自由的积极选择和行为，通过正确选择与规范，"从心所欲不逾矩"，实现主观与客观、主体与客体、目的与手段、自由与必然的统一，赋予自教自律自主性、进取性、发展性和创造性，使学生的思想和行动富有生机与活力。

一方面，自我管理表现为学生个体行为，具有内在的相对独立性；另一方面，自我管理与教育又是相互影响、相互制约、相辅相成的，同时又具有外在感染性和群体性。

总之，大学生自我管理是学习、实践、实现社会化的重要方式。一方面，大学生在学习、实践过程中，需要较强的认同感，才能自觉接受并主动投入必要的时间、精力，而自我管理可以产生认同的积极愿望；另一方面，人是社会中的一分子，和谐的人际关系又是和谐社会的重要条件，人的自我管理程度越高，其社会化也就更加容易实现。在很大程度上，实现高校的培养目标，大学生自我管理是最根本的条件，也是学生社会化的重要方式。自我管理对学校来说，是具有自主性、自觉性、发展性的活动，实现不教而育、不管而理，对社会起到维持秩序、稳定局面、推进发展的作用；对个人具有自主、自为和自我发展的作用。

二、大学生思政教育的自我管理的要求分析

（一）大学生自我管理必须要处理好的关系

大学生个体的自我管理是在学校和社会管理的背景下进行的，必须处理好与学校管理和社会管理的关系，自我管理才能正常有效地展开。

1.大学生自我管理与学校管理的关系

大学生的自我管理不是孤立进行的纯粹的个体活动，它是学校管理的有机组成部分。

个体的发展规划最好能与学校的人才培养规划和目标相适应，与学校的管理制度相适应，与学校的文化氛围实现良性的互动，避免出现激烈的矛盾和冲突。尽管如此，个体自我管理的主动性、自主性必须得到有效的保证。学校管理应当给予个体自我管理的空间，为个体的自我管理创造必要的条件。

2. 大学生个体的自我管理与学生组织管理的关系

学校内部的学生组织对学生群体的活动具有一定的协调作用。学生个体应当有条件地理解和服从这种协调。另一方面，学生个体应当具有自主的选择权，有自我决定个人事务的权利，行使个人事务的自我管理权。最好的结果是个人的自我管理与学生组织的管理协调一致，或者大体上不出现明显的冲突。

3. 大学生的自我管理与社会管理的关系

大学生个体，作为社会人的存在，应当具有满足社会人的一般要求的属性，不应当，也不可能成为独立于社会之外的特殊个体；理应服从社会的一般管理规范，成为模范遵守社会管理规范的社会成员。在服从社会管理的前提下，应当充分发挥自我管理的优势，自主地设计自己的规划并且进行有效的实施，强化自我的知识和能力，以便将来更好地为社会服务。

（二）大学生思政教育的自我管理的要求

1. 明确教育与管理的目标和规范

自我管理不是一种静态性的自我约束，而是学生朝向一定目标，遵循一定规范的动态性规约。明确的目标和规范，是自我管理的前提条件。目标为学生提供的是一种价值追求，是自我管理的取向和意义表达，目标被学生认可、接受之后，学生能够用目标来导引、调节自己的价值取向，加强体验与理解目标的意义。没有明确的目标，或者不接受目标，学生就不会持久地坚持目标取向，也不会坚持学校所制定的规范，在思想和行为上必定各行其是，与社会生活不协调，这就不是所要求的自我管理。

同样，规范为学生提供的一种行为准则，是自我管理的遵循尺度和意志体现。规范被学生认可、接受后，学生能够用它来规约、衡量自己的行为，使外在规范内化为自身的内在准绳。规范包括法规和道德两个方面。没有明确的社会规范或学生不认可、不遵循社会规范，思想和行为就会失范。所以，让大学生自我管理，绝不是放任自流。在高校的思政教育中，必须有明确的教育管理的目标和规范，使学生在自我发展中有正确的方向。

2. 发挥教育和管理队伍"导"的职能

学校党组织、学生工作职能部门、教师和辅导员队伍，应该培养和训练学生的规则意识，通过对遵规守纪的认可、奖赏和对违规失范的谴责、惩罚，来引导、训练学生的自我管理行为。同时，要转变教育者和管理者的观念，使他们从处理琐碎繁杂的事务转移到引导、指导、检查、监督上来，既不是家长式的包办，也不是保姆式的代替，而是在学生自我管理的具体过程中，为他们出谋划策，帮助他们作出正确决策与选择。所谓检查监督，即是对学生自我教育与管理的组织工作和活动进行定期检查，既要放手让大学生自己做，也要使他们尽量少出偏差。

3. 创设良好的校园文化氛围

创设良好的校园文化氛围是引导大学生自教自律的必要条件。学校的文化氛围和内部环境对学生有规范、导向、激励、推动和评价作用。大学生在一定的校园文化中会自觉不自觉地接受、内化并整合其主导的价值观念和思维方式，使自己的思想潜移默化中被同化。因此，校园文化是提高学生自我教育能力、提高学生综合素质的有效载体。创设良好的校园文化氛围，应具体抓好以下几个方面的工作：加强基础文明建设，倡导修身进取的道德风尚；加强学风建设，形成浓厚的学习氛围；加强文化园区建设，营造优美的校园环境；丰富课余文化活动，增强校园文化的先进性和群众性。同时，还应重视高校内部潜在的、非课程形式的教育活动，创建有利的"道德场"，形成大学生自我管理的良好环境和氛围。创建有利的"道德场"，注意从小事抓起，从学生的学习、生活和行为的细节上开始，提出明确具体的要求，引导学生自我管理。

（三）形成大学生群体自我管理的局面

学生组织包括学生党团组织、学生会、学生社团、班委会等群体。加强校、院（系）、班级三级学生组织的联系，形成学生自教自律组织系统，引导各级学生组织通过开展多种形式和富有实效的活动，促进学生自我发展，形成大学生群团自上而下的自教自律局面。

1. 学生会

学生会是学生自教自律的主要组织。校、院的学生会是在党组织领导下、团组织具体指导下的学生自己管理自己、自己教育自己的群众性组织，是党组织联系学生的桥梁和纽带。"自我管理、自我服务、自我教育"是学生会工作的基本准则，学生会通过组织丰富多彩的活动，不仅可以丰富学生生活，而且可以有效地对学生的思想与行为进行引导。

2. 学生自治

学生自治是学生自教自律的关键。学生自治是学生组织在党组织领导和团组织指导下的自主建设方式，一般以学生党员、学生干部为骨干开展自治活动。学生自治实际上是学生组织按照学校的培养目标与规章制度，进行自我教育与自我管理的活动。有些学校的学生为了发挥自治作用，还专门建立了学生的身教自律机构、学生监督机构，以保证学生自教自律的进行与效果。

3. 班集体

班集体是学生自教自律的基层组织。班级是大学生的基本组织形式，是大学生自我教育、自我管理、自我服务的主要组织载体。班集体通过一系列主题、班会、文体活动，使教育与管理的要求转化为现实影响，产生教育效应，达到促进学生成长成才的目的。

4. 党支部

党支部是学生自教自律的先锋示范组织。党支部是带动广大党员与非党员学生团结进步的核心力量，是加强和改进大学生思政教育的重要战斗堡垒。要在班级中成立党支部，班级支部要根据党员和非党员学生的成长成才需求，切合实际地搞好思想建设、组织建设和作风建设。

第四章　高校学生思政课程实践教学

第一节　大学生思政课实践教学模式

一、思政课实践教学模式概述

（一）课堂实践教学是育人的重要环节

课堂实践教学相对于校园实践教学和社会实践教学来说，是最重要、最基本的实践教学模式，是实施校园实践教学和社会实践教学的基础和前提，是提高教学质量、培养学生综合素质的关键环节。忽略了课堂实践教学环就是忽略了学生成长成才最主要的教学环节。

1. 课堂实践教学有利于激发学生自主性学习

从教学理论上讲，无论是进行道德教育、政治思想教育，还是使学生把理论知识转化为自身的稳定的观念和素质，都必须使接受教育的学习主体得到实践训练和亲身体验。这里的亲身体验既包括情感和思维的体验感受，又包括对社会和现实的体验感受。他强调的学习主体实践训练，则是课堂实践教学的活动过程。

在这个过程中，教师彰显的是新的教学理念和教学模式，学生运用的是新的学习策略和学习方法。课堂实践教学提升了教师教书育人的新境界，使师生关系在教学过程中得到全面的提升。实施课堂实践教学，教师需形成两种观念，一是把学生看成是课堂教学的积极参与者，而不仅仅看成是知识的被动接受者；二是教师是培养学生全面素质的指导者，而不仅仅是完成知识传授职责的教书匠。教师应该以开放的心态，把教育教学变成平等交流和对话，使学生的主体地位得到充分的尊重。教师的教学活动建立在师生平等交往的基础之上，体现了民主、平等、沟通、理解的新型的教与学关系。教学过程变成师生之间共享知识、经验、智慧的过程，使教学活动融入学生的现实生活，与学生的内在需求直接沟通。课堂实践教学有利于激发学生的自主性学习，培养学生的主体意识、主体能力、主体人格，发展和提高学生在教育教学活动中的能动性、自主性和创造性，帮助大学生在成长过程中学会自我教育。课堂实践教学使学生迈出全面发展的新步伐。学生在教师的指导下，转变学习观念，从被动学习向自主学习转变，从以学习知识为主的知识目标向以掌握学习方法为主的能力目标转变，从维持性学习向创新性学习转变，学会运用学习策略提高学习质量和效率。

2. 课堂实践教学有利于培养学生思维能力

传统的教学模式是以传授教材的知识为主，缺乏对学生思维的敏捷性、严密性、独创性的培养。学生由此形成的思维习惯是深信教师课堂上讲的都是正确的，形成了顺向思维的习惯，不会质疑，不会反思。这些教学方法不能达到培养学生思维的广度和深度、逻辑性和灵活性、新颖性和独特性、深刻性和开放性的目标。而课堂实践教学针对学生思维的局限性，通过创设情境，诱发学生的想象能力和思维动机，再用理论讲授撞击学生的理论思维，激发学生的想象力、创造力和批判力，冲击其思维中的惰性、保守性和凝固性。课堂实践教学的激励性、示范性、实证性、逻辑性和探索性的特点，引导启发了学生的思维，推动了学生的主体意识、反思态度和创造精神，锻炼和提高了理论思维能力课堂实践教学重在讲授思想方法，传授获得知识的手段和运用知识的本领，培养学生的思维方法。

3. 课堂实践教学有利于培养学生的质疑能力

学生的思维能力与问题意识密切联系在一起，有了较强的思维能力就容易形成问题意识，容易发现问题。思政课教学中常常碰到的问题是教材中的基本理论问题、教材内容与社会联系的问题，还有学生成长过程中因学习、就业、友谊、爱情等需要而产生的问题，课堂实践教学淡化了教师单向灌输的做法，强化了学生主动参与、积极思考的学习方式，鼓励学生参与问题的提出、讨论、研究、解决，这就有利于学生用谨慎的态度对待现有知识和现成观点，在学习中始终做到自我质疑、思疑，有利于提高学生发现问题、提出问题的能力。

（二）校园实践教学是理论学习的拓展和深化

校园实践教学是课堂实践教学的直接延伸。校园中有丰富的理论教育和理论学习资源：①有博学多识的教师，而且教师很愿意与学生共同探讨问题；②有丰富的图书资料，随时能提供学习参考；③有众多思维活跃且随时随地可以切磋、交流、探讨、辩论的学习伙伴。因而，校园实践教学的重点应该是课堂理论教学的拓展和深化。

1. 校园实践教学是课堂理论知识运用的拓展途径

校园实践教学要着眼于课堂理论知识的运用。如，大学生开展的校园自我调查，通过大量的调查研究，收集更多的大学生道德生活素材，积累感性认识材料，以观察和分析大学生的现实道德状况和成长成才过程中的道德要求，观察和分析大学生的遵纪守法行为和法律意识等。从道德教育的层面看，有利于大学生自我反思的调查内容有：大学生掌握道德知识的情况调查，如社会主义道德建设的核心、原则、基本要求、"三德"等最基本的道德常识，大学生校园文明行为和不文明行为调查，大学生恋爱观及违反恋爱道德的行为调查，大学生理想、信念状况调查等。在法制教育层面，值得大学生反思的调查内容有：大学生违纪、违规、违法行为典型案例调查，大学生法治观念淡薄的典型表现，等等。这些调查可以采取多种多样的方式，可以以小组的形式分工深入调查，然后将调查结果进行交流，变成大家共同的收获。当然，也可以个人自愿调查以及个人与小组结合开展调查。其目的都是使大学生对自身的道德状况及法治观念产生感性认识，深刻体验到学习道德理论知识、学习法制理论知识的重要性、必要性、迫切性，从而进一步激发学习这些理论的热情。要拓展和深化课堂理论教学，这样的调查实践绝对不可忽视。

2. 校园实践教学是课堂理论知识深化学习的平台

校园实践教学在掌握课堂理论知识运用的基础上，可采取教师讲坛、学生论坛、师生共同研究的形式深化理论学习。教师讲坛可由教师分工负责，每位教师负责两三个专题，既能促进教学科研，又能丰富学科教学理论知识；还可聘请校内或校外有关专家围绕课堂理论教学开展系列理论知识讲座，对拓展学生的理论知识、开阔学生眼界很有必要。教师讲坛的选题，既是课堂理论教学的延伸和深化，又是学生学习的理论疑点、难点和关注的社会热点。学生论坛可组织学生边阅读、边研讨。如法制知识学习论坛，可以讨论一些案例，也可以组织模拟法庭，运用角色扮演、角色转换、辩论等方式，使大学生从中学到更多的知识。

（三）社会实践教学有助于增强大学生的社会责任感

社会实践教学活动是贯彻教育为社会主义服务、教育与社会实践相结合的教育方针，使大学生在学习期间能够更多地接触社会、了解国情民情，培养服务社会、服务人民的意识，增强社会责任感，走正确成长的道路，并在实践中提高分析问题和解决问题的能力，全面提高素质。校外社会实践资源丰富，社会性、现实性强，更能体现实践教学的主旨，学生参与的积极性、主动性高，效果好。社会实践教学活动大致有调查、参观、服务三大类。调查、参观重在了解国情、民情。如以弘扬革命传统为主题的调查，包括参观爱国主义教育基地、烈士纪念馆、访问老英雄老模范等。社会实践教学要充分利用当地历史资源、文化资源和建设成就，对大学生进行中华民族优秀文化和优良革命传统教育；要充分利用经济体制改革和社会主义精神文明建设的典型，让学生目睹和感受社会主义制度的优越性和社会主义改革的辉煌成果，从而坚定社会主义信念。与此同时，还可以开展实践基地建设，紧密结合教学实践需要，选择经济体制改革的先进典型、社会主义精神文明建设典型作为教学实践基地建设，组织有说服力的材料，有序、有效地为实践教学持续发展提供服务。

服务活动主要是组织学生依托专业知识广泛开展科技文化服务。可根据不同专业的学生，实施不同服务项目，使大学生在社会实践活动中受教育、长才干，既提高熟练运用相关知识的技能和方法，又增强社会责任感。

二、思政课课堂实践教学

思政课课堂实践教学，就是在思政课教师组织下，为实现特定教育教学目标，根据既定教学计划，以课堂教学的时间、空间为基础，借助于直观鲜活的音像播放、发人深省的案例解析、形象逼真的情景模拟、充满激情的演讲比赛、富有哲理的专题辩论等形式，创设一系列生动活泼的教学情境，将课程教学内容和社会实践巧妙结合，紧扣社会热点、难点和焦点问题开展讨论和思考，实施思政教育，提高学生综合素质的一种教学方式。

（一）课堂实践教学的形式

思政课实践教学是实现思政课教学实效性的重要保证，具与理论教学都是教学体系的重要组成部分，二者互相联系，互相促进，都是完成教学计划、实现教学目的的手段。课堂实践教学是将理论与实践紧密结合最方便、最简洁、最有效的实践教学模式，整个教学过程都以学生为中心，通过学生的独立思考与讨论来完成教学任务；课堂实践教学融知识性、趣味性、专业性于一体，使学生在学习过程中，既获得专业知识，又锻炼和提升了能力，养成自觉的学习态度，完成思政理论课教育教学目标。

思政课课堂教学以理论讲授为主，结合教学内容，恰当地穿插开展一些小型的实践活动，可以丰富教学内容，提高学生参与教学的积极性，活跃课堂氛围，增强教学效果。

1. 案例分析

此方法着眼于将真实的生活引入课堂，以案论理。在讲解新的教学内容之前可通过某个典型案例引出新的知识点，以激发学生的学习动机；或者在涉及原理的具体运用时，通过分析案例培养学生发现问题、分析问题和解决问题的能力，达到学以致用的目的。该方法要求教师事先备有丰富多样的现实案例，案例可以是文字、图片或视频短片等，并明确案例所包含的原理。

2. 小组讨论

将学生分成若干小组，进行分组讨论。分组讨论是在教师主导下，通过学生之间、小组之间、师生之间的讨论，使教与学互相促进的一种学习方法。它将教师指导、课下学生个人独立查阅资料和小组集体学习、课上小组之间进行讨论交流三者结合在一起，有利于培养学生运用马克思主义原理解决实际问题的能力和思辨能力，增强教师与学生的沟通，培养学生之间的协作精神。这是一种以问题为导向的教学方式，可以有效引导学生积极参与课堂教学，提高他们学习与思考的积极性和主动性。此方法体现理论联系实际、学用结合的原则，着重于理论的运用，即如何用所学理论分析现实问题。它将教师指导、学生思考和相互交流结合在一起，可以充分调动学生的学习积极性，较好地训练学生思维，培养学生分析问题和解决问题的能力。

3. 音像展播

现在思政课一般都是运用多媒体进行教学，在课堂中结合教学内容，适时恰当地播放优秀音频和视频，丰富理论教学。优秀的影视作品会对大学生起到教育启迪作用，使学生从中领悟到人生的真谛，感悟到人间的真善美，继而转化为今后学习生活中的不竭动力。讲授"思想道德修养和法律基础"课程时，有选择地适时播放相关视频内容，充实了教学内容，给学生更加直观生动的感受。

4. 专题辩论

课堂上的专题辩论与校园辩论赛在形式上有相同点，即双方就某一问题进行辩论。不同点是专题辩论是整个授课班级参与，一分为二，一边支持正方的观点，另一边支持反方。两组相互辩论，辩论的规则不严格。专题辩论的作用在于划清是非的界限，判断事物同异的根据，权衡利弊得失，解决学生思想上的疑惑。

5. 学生讲坛

在教学过程中，可以设立"学生讲坛"教学环节。在每一个教学班里组建若干团队，每个团队由3~5人组成，在教材里选择一个或若干理论联系实际进行研究或调研，调研成果由每个小组推出一人在讲台上进行展示，从而展示思政理论课教学内容的理论智慧，培养学生自信、自强、自立的思想品德和互助、互信、互勉的健康人格。

6. 情景模拟

情景模拟是案例教学法的延伸与扩展，要求学生在仿真教学情境中"扮演角色"。案例要有时代感，要真实。情景模拟教学的目的是使学生产生主动学习的需要，学会独立思考。如在"思想道德修养和法律基础"课中，讲授道德规范时，设置一个"道德两难"情景，让学生深刻认识遵守道德规范的重要性；探讨人生价值问题时，可以设计一个"人生拍卖会"，让学生自己认清人生价值，理解人生真正的价值所在；学习法律知识时，可根据教材内容组织模拟法庭。情景模拟实践教学活动的优点在于使学生身临其境，对教学内容深刻感受，在此过程中还可以培养学生理性思考的能力。

7. 主题演讲

这种教学活动主要是学生以口头语言表达方式再现教学内容，进而受到教育。主题演讲型实践教学主要由学生自己选材和撰稿，抒发自身的体会、认知和感受，是很多大学生喜欢的自我教育方式。它既有说服力，又有感染力；既锻炼了表达能力，又提高了认识能力，还可以极大地增强学生的自信心。

8. 专题讲座

邀请社会知名专家和学者，或者本学科的优秀教授开展专题讲座，针对社会热点、难点问题，或者本学科的精髓内容进行专门的系统的讲授，是对课堂教学内容的丰富和补充。专题讲座一般都是结合时代特征，紧扣社会"热点"和学生思想实际，深入剖析社会"难点"问题，使学生及时了解和接受新鲜知识，满足学生迫切希望了解社会事件背后埋藏的更深层次的东西的要求，使学生从中学到认识问题、分析问题的立场、观点和方法；也可以讲授本学科的最新理论动态、发展趋势和理论创新，从而起到拓宽学生视野、陶冶情操、升华思想的作用，更好地发挥思政课的主渠道作用。专家、学者和教师在讲座中所显现出来的人格魅力也会对学生的思想、人格产生潜移默化的影响。

9. 角色扮演

结合教学内容，让学生扮演特定的角色，通过现身说法消化教学内容，更进一步受到教育。如讲授世界观与人生观和价值观这一内容时，可以让学生表演小品，寓教于乐；学习职业道德内容时，可以让学生模拟自己理想的未来职业，设身处地领会职业道德的重要意义；在讲授心理健康的内容时，可以组织学生编演"心理情景剧"，让学生身临其境感受心理的变化，受到真实的教育。甚至可以安排学生授课实践，扮演教师的角色。任课老师可以根据学时安排，每学期组织学生进行一次授课实践，规定相应题目，让学生备课、讲课，从中体会教师的辛苦，也锻炼学生的表达能力。

（二）课堂实践教学的特点

1. 形式多样

课堂教学虽然在教学时间和场地规模方面受到相对限制，但是相对地，其教学时间和场地能够得到有效的保障。同时，课堂上的学生集中，便于组织开展活动。现在课堂教学普遍采用多媒体教学，可以利用现代技术组织多样性的活动。因此，可以充分利用这些有利因素，适时地开展形式多样的课堂实践教学活动。

2. 灵活紧凑

课堂教学以理论讲授为主，课堂实践教学可以根据教学内容的需要，灵活选择不同形式的活动方案。同一教学内容也可以选用不同的实践教学形式来表现如"思想道德修养和法律基础"课中关于"人际关系"的教学内容，可以通过"角色扮演"来领会，也可以采用团体辅导"信任之旅"的方式来展现。课堂教学的教学时间短，场地有限，所以，课堂实践教学活动只是理论教学的补充，要求实践教学的内容具体、规模小型化、活动时间短。由此，课堂实践教学呈现出紧凑的特点，活动开展应简便易行。

3. 时效性强

与其他实践教学模式相比较而言，课堂实践教学是在课堂理论教学过程中进行的，在时间方面能够得到完全保证。实践教学活动可以安排在课堂理论教学内容完成之后的第二节课内进行，通过活动可以及时强化理论教育的意义和作用，对学生的影响和教育力度是深刻的，实践教学活动也可以安排在课堂理论教学之前开展，通过活动让学生思考活动所蕴含的教育意义，从中得到感受或启发。在此基础上，教师再对活动加以总结，强化和升华理论教学内容，用理论的力量来论证活动所反映的教育价值，使得学生受到及时的教育。由此可以看出课堂实践教学的时效性是很强的。

4. 效果显著

课堂实践教学是在课堂理论教学中穿插进行的，是对理论讲授的有力补充和论证，极大地加强了理论的说服力，让学生在课堂有限的时空内，将理论内化为自己的观念和信念，显著地增强了教学效果。课堂实践教学的参与感极强，学生在活动中亲身体验、自我感受、自我教育，课堂教学的效果是直接而深刻的。

三、思政课校园实践教学

校园是思政理论教育培养全面发展人才的主阵地，校园文化活动为高校思政理论课实践教学提供了有效的载体。开展校园实践教学的关键在于把课程的优势和学生的特点有效结合，培养学生的学习兴趣，挖掘学生的潜力，提高学生的综合素质，实现知识创新和知识应用。

（一）校园实践教学形式

校园实践教学的发生空间是校园内，所依托的载体是各种各样的校园活动，属于学校教育的"第二课堂"。教师根据教学目标，提出具体要求，通过可以使学生广泛参与的活动，达到提高合作能力、沟通协调能力、自主学习能力以及培养良好思想品德修养的目的。可以通过以下形式来开展校园实践教学，以达到提高大学生综合素质的目的。

1. 主题电影

影视艺术是一种综合性的大众文化艺术，无论从形式还是内容上，都具有天然的教育性。正是因为影视艺术具有天然的教育价值和不可替代的育人功能，经典影视赏析完全可以为思政理论课教育教学服务，成为思政理论课实践教学的一种有效形式。

经典影视赏析可以成为课堂实践教学和校园实践教学两种实践教学的组织形式。课堂实践教学是任课老师在多媒体教室，根据教学内容，选择一些与课堂教学内容有关的影视片段供学生观看并组织讨论。作为校园实践教学形式，参与影视观看的对象更宽泛，全校的学生都可以观看，影响面更大。

2. 读书交流

根据思政课教学的内容和特点，结合现实中人们普遍关注的热点、难点问题，向学生推荐一些具有代表性的阅读书目，供学生课后阅读，旨在培养学生的阅读兴趣和发现问题、思考问题的能力，提高学生的综合素质。思政课的内容涉及哲学、自然科学、经济、政治、社会、人文等多个学科，而且理论性强，这增加了学习的难度，制约了学习的兴趣，要激发学生的学习热情，让学生真正感受思政课的理论魅力，光靠教材的内容是远远不够的。必须让学生尽可能涉及各个领域的一些基本知识，形成一定的知识系统。在校园内以一定的读书交流形式使学生主动参与，教师正确引导，可以大大激发学生的学习兴趣，提高学生的阅读能力、表达能力、思维能力和理论联系实际的能力，并使马克思主义的科学世界观自觉内化为学生的理想和信念。

3. 网络实践

随着互联网影响的日趋普及与深入，网络空间教育大潮的到来已经不可逆转。校园实践教学应运用互联网信息技术，依托网络实践教学平台，发挥网络技术教学的积极功能。

学生在思政课程网站或个人学习空间上开设时事论坛、学生演讲、创意校园、影视作品、教学参考、社会问题分析等栏目，增添思政课实践教学的时代气息与生活气息。开辟网络实践教学平台，有利于释放学生的创意热情，展现学生的独特个性。

4. 知识竞答

知识竞答能督促学生全面、细致和认真地掌握思政课的基本理论知识点，也能培养大学生的语言表达能力，同时还培养了学生的团队意识和竞争意识，提高学生学习政治课的兴趣。知识竞答的组织形式是由教师结合思政课教学大纲和教材内容，拟定竞答题目和参考答案，参赛者可以学生所在的二级学院、班级、小组为单位。

5. 校内调研

要使学生将社会主义核心价值观转化为自我的精神信仰和价值取向并成为自我的自觉追求，就必须要了解学生的思想状态。因此，根据学生的实际情况，结合思政课教学内容，组织学生进行校内调研，就是全面有效地实施思政教育的一种校园实践教学形式。在校内调研的环节中，教师扮演着十分重要的角色，教师可以将自己所教授的学生分为若干小组，以小组为单位进行不同主题的校内调研活动。

6. 课外作业

课外作业是课堂学习的延伸，是课堂教育的延续，是教学过程中一个不可缺少的环节。课外作业不仅能起到督促学生及时复习课堂所学内容的作用，同时也是师生对课堂学习效果实施检测的一种形式。在新形势下，课外作业绝不能还是简单地布置教材后面的思考题，教师应该超越教材，联系实际精心设计课外习题。课外作业要能体现学习的过程，注重学习的体验，通过完成作业能提高学生独立思考、解决问题的能力。教师可以结合教材重点、社会热点、学生关注点布置小论文，让学生查找资料、调查研究、采访交流、相互讨论来完成课外作业。但是需要注意的是，这些课外小论文完成的前提是不能在网络上找到答案或者大篇幅地参考现有见解。

（二）校园实践教学与校园文化活动

高校思政课实践教学与校园文化活动在理论依据、根本目的上具有同一性，在内容和形式上具有兼容性等特征。校园文化活动是思政课校园实践教学模式的重要载体，充分利用其来开展思政课教学，不仅有助于校园文化的繁荣发展，而且有助于提高思政教育的有效性。

1. 校园文化是校园实践教学的重要平台

校园文化是以校园为空间，以学生、教师为参与主体，以精神文化为核心的物质文化、制度文化、行为文化相统一的具有时代特征的一种群体文化。校园文化活动与思政教育工作相互交织、相互促进。一方面，校园文化活动的发展必须以社会主义核心价值体系为引领，另一方面，校园文化活动是思政教育的有效载体和重要途径。但作为思政教育的主渠道，长期以来，思政课教学却未能与校园文化活动有机地结合起来，这不能不说是思政教育的一大遗憾。这里既有主观原因，也有客观因素。主观原因主要是对思政课实践教学的狭隘认识，部分管理人员和教师一度把思政理论课实践教学等同于开展社会实践活动，从而忽略了校园文化的实践平台。客观因素主要是管理上的彼此分立，思政课实践教学归属于思政理论课教学部门，而校园文化活动则由学校学生工作部门具体管理，两个部门虽然也有一定的合作，但大多数时间是相互并立的。因此，从提高思政教育的效果出发，必须把两者紧密结合起来，依托校园文化活动开展丰富多彩的思政课实践教学。

2. 校园文化活动与校园实践教学的统一性

首先，校园文化活动的功能与思政理论课实践教学目标基本一致。校园文化活动虽然形式多样、个性鲜明，但其思政教育功能则是研究者和实际工作者关注的热点。研究者从多个角度进行了总结，有的学者概括为教育功能、兴趣导向功能、求知激励功能、人格塑造功能四个方面；有的则认为具有指导引领功能、熏陶塑造功能、凝聚整合功能、调适激励功能和传播辐射功能；有的学者概括为导向功能、创新功能、凝聚功能、规范功能、娱乐调节五种功能；有的学者概括为价值导向、意志激励、精神凝聚、情绪调解、人格塑造、行为约束六大功能等。这些概括虽然角度不同，语言表述有异，但其目标都是为了锻炼大学生的实践创新能力，提高大学生的综合素质，帮助大学生树立正确的世界观、人生观和价值观。而这些目标正是思政课实践教学所要达到的目标。

其次，校园文化活动的形式与思政课实践教学的要求基本一致。思政课实践教学要求大学生在实践中深化对理论的认识，并学会运用理论提高其实践创新水平。而校园文化活动，由于贴近学生、贴近生活、贴近实际，具有实践性、群体性、开放性等特点，是大学生自我教育和自主实践的重要平台。在参与校园文化活动的过程中，大学生不仅加深了对理论的理解，而且提升了运用理论的水平，并在运用中提高了实践创新能力。

正因为如此，越来越多的人认识到，校园文化活动是开展思政课实践教学的有效途径，应重视作为第二课堂的校园实践教学与校园文化活动的有机结合。

3. 依托校园文化活动的校园实践教学具有独特的优势

校园实践教学主要是指依托校园文化活动而开展的思政理论课实践教学。相比较而言，课堂实践教学和校外社会实践虽然各有特点，但也各有不足。课内实践教学长于锻炼大学生的理论思维水平，但难以考察其实际思想道德品质；而校外社会实践活动侧重于帮助大学生了解社会，增强大学生的社会责任感，但其受客观条件制约较多，不是每个学生都能得到社会实践的指导和锻炼。而立足校园，依托校园文化活动的思政课校园实践教学则便于全面开展，同时便于考察大学生实践中的思想道德表现，并锻炼大学生在实践中运用马克思主义的能力。从这个意义上讲，依托校园文化活动的思政理论课实践教学是一种效率较高、效益较好的实践教学模式。

4. 校园文化活动与校园实践教学二者相互促进

依托校园文化活动开展思政课校园实践教学，既推动了大学生校园文化活动的发展，又使思政课校园实践教学更加丰富多样，二者相互促进、相得益彰。一方面，思政课部教师参与并辅导大学生参与校园文化活动，推动了校园文化活动的蓬勃发展，提升了校园文化活动的水平。思政课部教师不仅以其扎实的理论功底和政治敏锐性不断引导校园文化的发展方向，而且在思政课部教师的指导下，校园文化活动效果更佳、氛围更浓、吸引力更大、育人功能更强。在部分高校，由于思政课部教师的参与指导，不仅提高了诸如辩论赛、演讲赛等各种校园竞赛活动的水平，而且社团活动也更加活跃，更有效果。另一方面，校园文化为思政课校园实践教学提供了丰富的可资利用的资源，校园文化活动形式多样、生动活泼，丰富了思政课校园实践教学的形式，提高了思政课校园实践教学的效果。特别需要指出的是，通过活动的参与，教师也转变为学生可亲近的、热心的指导者和合作者，拉近了与大学生的距离，从而有效地提高了教学效果。

四、思政课社会实践教学

社会实践教学是指通过组织、引导学生积极地参与各种实践活动的方式来不断地提高其认识能力以及实践素质，在实践过程中完成知识传播、内化和发展的一种教学模式。社会实践教学不同于一般的实践模式的关键在于其发生的背景，以及由此而决定的诸多特性。具体来讲，社会实践教学就是通过真实的社会生活场景、环境，让学生在现实生活中独立地发现问题、认识问题和寻求问题解决方法的过程中，通过分析具体问题独立地做出判断和决策，以培养学生运用所学理论解决实际问题能力的一种教学方法。

（一）社会实践教学的必要性

1. 思政课教学的内在要求

高校思政理论课，承担着对大学生进行系统的马克思主义理论教育的任务，是对大学生进行思政教育的主渠道。它不仅具有一般理论课程的认知功能，更为重要的是担负着培养中国特色社会主义事业的建设者和接班人的政治要求。由此可见，这门课程强调的是学生内在素质的形成，而不是单纯的知识传授，更不是一种简单的知识记忆，而是要通过教学，特别是通过社会实践教学，使学生通过自身的感悟、体验、践行，把马克思主义的世界观、方法论内化为自觉的信念，从而提高自身的思想道德素质和政治觉悟。这要求思政课必须要围绕这一目标来开展教学，而不是为了教学而教学，要与社会实践相结合，在实践中深化理论的传播。

2. 高等教育的人才培养目标的要求

人才的培养目标和规格是确定人才培养措施、途径以及开展各项教学活动的首要基础，是组织实施教学过程的依据。大学要培养的是社会主义建设的精英人才，是有一定动手能力、管理能力和协作能力的应用型复合人才，不是"读死书和死读书"的书呆子。将实践教学环节引入"思政课"的教学中，就是适应社会发展、培养应用型复合人才的良策之一，是实现培养目标的根本要求。

高等教育人才培养目标决定了高等教育要突出实践环节，实践能力培养是高校学生的生命线。社会实践教学不仅使学生能够理论联系实际，提高分析和解决问题的能力，而且通过组织社会实践教学，有利于学生开阔视野，吸收丰富的思想营养。同时也可以提高学生的参与意识，培养学生的实践能力、求实精神和团结协作精神。

3. 深化思政课教学改革的迫切要求

高校大多存在着生源复杂、学制不一、学生的文化知识水平层次不齐、自律性不强等状况。传统课堂教学比较注重理论知识的系统传授，而往往忽视学生的亲身体验，缺乏引导学生内化的环节。这就容易造成理论与实践脱节，学生学习的参与性、主动性较差，学习兴趣不高，思政课的实效性较差，教学目标难以达到。而实践教学是激发学生学习理论积极性和主动性的有效方式。因此，要充分调动学生学习思政课的积极性与主动性，提高思政课教学的实效性、吸引力，就必须改革传统的教学模式，积极有效地实现理论教学和实践教学的结合。

4. 促进学生成才的需要

思政课实践教学目标的制定，必须以促进当代大学生思政素质的提高和良好品德的形成为出发点。思政教育在各级各类学校都要摆在重要地位，任何时候都不能放松和削弱。要说素质，思政素质是最重要的素质，不断增强学生的爱国主义、集体主义、社会主义思想，是素质教育的灵魂。思政课的性质、任务决定了这门课具有较强的理论性和系统性的同时，又具有突出的自我践行性和自我修养性的特点。这种突出的自我践行性和自我修养性只有通过学生的实践参与、情感体验和内心感悟才能得到诠释和表达。将社会道德规范和法律规范内化为内心的道德法则，再将内心的道德法则外化为道德行为和法律行为，最终达到他律和自律的和谐统一。实践是连接他律和自律的桥梁，是人生道德和法律修养由他律向自律辩证转化的根本途径，是提高自身道德修养与法律素养的有效途径。思政课实践教学强调学生在学习理论的同时，也要服务社会，进行社会实践活动，在社会实践过程中感悟理论、体验生活，从而有效实现思政课的教学目标。

（二）社会实践教学的形式

思政课社会实践教学是指依据思政课的教学任务和要求，在教师指导下，在课堂教学之外，按照学校培养目标的要求，有计划、有组织地参加社会实践的思政教育教学活动。这些活动主要是团学组织和学生会通过暑期社会实践活动、"青年志愿者"活动、社会调查、社会服务、勤工助学等形式开展的，是对大学生进行思政教育的一种重要形式，也是一种把所学理论知识运用于实际的表现形式。它有别于思政课课堂教学，是相对独立存在的一种教学模式。

1. 参观考察

参观考察指根据理论教学的内容安排，组织学生走出校园，参观革命传统教育和爱国主义教育基地等，考察具体地区或单位的具体情况，并在参观考察的同时，发现、思考、解决问题。参观考察后要撰写观后感。

2. 勤工俭学

勤工俭学包括校内和校外两种，校内的岗位主要由学生处负责提供，校外的岗位由学校推荐或学生自己应聘。实践证明，勤工俭学是学生深入了解社会和磨炼自己的一种非常不错的社会实践，但要求指导教师正确引导学生参加，不能和学习冲突。

3. 社会调查

社会调查指教师依据教学计划确立选题方向，学生选择自己感兴趣的题目设计问卷、进行调查，并得出结论。社会调查的选题范围非常广泛，上至国家民族问题、下至大学生的生活习惯问题都可以涉及，最后写出调查报告。

4. 课外科技活动

课外科技活动通过让学生利用所学专业知识亲自动手，达到加深认识、强化记忆、自觉践行的目的。如参加"挑战杯"大学生课外科技竞赛、大学生科学普及活动、大学生科研开发活动、大学生科技服务活动、大学生科技创业实践活动等。通过课外科技活动，大学生重新认识和发现自我，领悟到自我的价值，学到书本上所学不到的东西，看到自己与现实的差距。

5. 基地实践

实践教学基地是高校思政课社会实践教学的重要场所，各高校应合理利用地方教育资源的优势，建立具有历史意义和现实意义的实践教学基地。学校在校外建立专门的思政课实践教学基地，并举办丰富的校外实践活动，通过直观的表现和鲜活的案例让学生在现场接受思政教育，不仅提高了思政课理论教学的效率，而且提高了学生的实践能力和创新能力。

6. 公益活动

高校要鼓励学生积极参与社会事务，参加公益活动，关心社会的发展，如普法宣传、禁毒宣传、环保宣传、义务交通协管、慰问老人、献爱心活动、参加抗灾救灾活动、义务生产劳动、青年志愿者行动、参加红十字会的志愿者活动等，使学生在活动中得到真实的锻炼。

7. 研究性学习

研究性学习是指在教师指导下，引导和推动学生积极探索，以问题和课题为核心，以学生为主体，自主开展研究的实践教学形式。研究性学习是以"培养学生具有永不满足、追求卓越的态；培养学生发现问题、提出问题、从而解决问题的能力"为目标，坚持"兴趣驱动、自主研究、重在过程"的原则，以思政课的重点难点问题或学生在学习生活和社会生活中遇到的问题为研究对象，使学生在提出问题和解答问题的过程中获得多方面的体验，提高学生的研究性学习能力。

（三）社会实践教学的要求

1. 提高思想认识

高校思想政治理论课所有课程都要加强实践环节。要建立和完善实践教学保障机制，探索实践育人的长效机制，要通过形式多样的实践教学活动，提高学生思政素质和观察分析社会现象的能力，深化教育教学的效果。按照中央的要求，高校应充分认识社会实践在思政课教学中的地位与作用，加强对思政课实践教学的组织领导作用，应从为社会主义事业培养合格的建设者和接班人的政治高度，从素质教育的关键是思政教育的战略高度，来重视思政课的社会实践环节，并给予大力支持。教师要提高对社会实践教学重要性的认识，转变思政课社会实践可有可无的思想，牢固树立"教书育人"的观念，充分认识到社会实践教学是育人的重要环节，积极开展思政课社会实践的研究、实践活动。

2. 整合教育资源

高校要形成思政课实践教学的合力，解决思政课师资力量薄弱问题，要严格按照上级教育主管部门对思政课教师准入资格的要求和师生比例合理配备任课教师。除补充师资力量外，高校还要认识到加强思政课实践教学，仅仅单靠思政课教师的力量是不够的，还须广泛动员校内的一切教育力量，如二级学院党总支书记、辅导员、政工人员、专业实习课教师等，共同参与，分工协作，形成合力。如思政课社会实践教学与专业课实习实训相结合，在专业课安排实习、实训时，同时也要附加思政课的社会实践任务。这样不仅有助于学生加深对重要政治理论问题的理解，提高学习思政课的兴趣，也会大大增强学生的学习动力与建设祖国的使命感，而且还能弥补思政课实践课时不足的问题。此外，学校还可以从离退休干部、企业家、社区人员中聘请一些热心支持教育事业的校外辅导员，参与指导思政课社会实践活动，从而可以在一定程度上缓解思政课社会实践教学人员不足的难题。

3. 确保所需经费

根据思政课社会实践教学的实际需要，高校应像专业课实习一样，确保并增加思政课实践专项经费的投入，以保证思政课社会实践活动的正常开展。为了确保所需经费落到实处，要制定出思政课实践教学专项经费管理办法，规定经费的来源、用途、审批程序等。此外，地方政府教育主管部门应根据当地社会经济发展水平，对高校思政课教学日常经费标准和社会实践经费做出明确规定，这样社会实践教学所需资金才能得到可靠的保障。

4. 加强组织管理

各高校要形成实践育人的长效机制，完善组织管理系统。思政课实践教学组织管理机构体系的建立、实践基地的建设、运作经费的保障，以及实践课教师队伍的构成等，是思政课社会实践教学得以顺利开展的有力保障，学校要成立思政课实践教学领导小组，党委副书记为主管领导，负责社会实践教学所需资金的审批、部门间的协调配合、人员的配备等；二级学院、系部具体负责实践教学的管理，如实践教学大纲的审定、社会实践教学计划与教学方案的审批以及实施情况的检查考核等；教研室具体负责制订实践教学大纲、教学计划和实施方案等。

实践教学计划的制订，既要反映教学活动的针对性，同时也要反映实践活动的具体性，即实践教学方式的择用、实践教学地点的选定、实践教学时限的安排等。实践教学学期实施计划（方案）可由任课教师在每学期开学前制订，具体内容主要包括实践教学的具体形式、实施方法、实施时间、具体要求等，并上报所在教研室及系部领导批准方可实施。要使思政课实践教学规范化、制度化，还必须建立与思政课的性质、特点相符合，与当地教育资源相联系的实践教学基地。

第二节　大学生思政课实践教学组织

一、思政课课堂实践教学的组织

（一）课堂实践教学组织管理

课堂中师生的行为主要是围绕教学活动开展的，教学的根本目的是促进学生的健康发展与进步。有效的思政课课堂实践教学管理对保证课堂任务的顺利完成和促进学生多方面发展有重要的现实意义。由于课堂实践教学时空的局限性，决定了它有规模小、时间短、活动紧凑的特点。因此，实践教学要精心设计，充分准备。首先，实践教学主题必须依据理论教学内容来确定，以一节或一个问题为中心设计主题，务必简洁明了，不可贪多求大。其次，实践教学的形式应根据教学内容灵活选用，以最能表现教学内容的教育意义为原则，确定实践教学方案。

1. 课堂实践教学组织管理方式的分类

（1）民主型的课堂教学组织管理方式

持有这种理念的教师在进行课堂教学管理时，会对课堂中可能出现的各种情况都有良好的预测能力，能够合理安排全班学生的学习活动，建立良好的课堂环境。教师在设计课堂教学时能够充分考虑学生的能力和兴趣，能够和学生建立良好的师生关系。

（2）自主型的课堂教学组织管理方式

持有这种理念的教师，强调学生个人的选择和自由，他们常常给予学生较大的发挥空间。在对学生进行监督时，会只关注不良习惯学生的课堂行为，对一些优秀的学生，教师会给予他们充分的自主权。另外，当学生遇到问题时，教师认为应该给予学生自己去处理的机会，培养学生的自主能力，相信学生解决问题的能力。

（3）专制型的课堂教学组织管理方式

持有这种理念的教师，认为教师应承担课堂实践教学的全部管理责任，课堂以教师为中心。教师往往通过建立和强化课堂规则以及相关的规定来实现对学生的控制，在制定课堂规则的时候，更多会指向学生的不当行为。教师把课堂教学组织管理的过程视作对学生课堂行为的控制过程，教师强调运用一些控制策略来建立和维持课堂秩序。

2. 课堂实践教学组织管理的实施

针对课堂实践教学的特点，打通课堂与课外环节，加强教学过程管理是课堂实践教学成功的保证。以学生为主的课堂讨论方式是课堂实践教学的一个特点，这就要求学生在课前对课堂上所要讨论的问题要有一定的准备。因此，课堂实践教学过程的管理包括课外与课内组织管理两个方面。

（1）课外管理

第一，课前管理。教师要充分关注学生课前学习情况以及遇到的问题，与学生及时交流、督促、指导学生学习。首先，教师要在课前把问题给学生。这个问题是根据教学内容与安排提出的，只是课堂讨论的方向，未必是某个具体的问题。其次，学生自学与准备，学生对要讨论的问题积极查阅资料，做好笔记；学生根据阅读情况，提出自己的问题，给出自己的看法。学生提出的问题，是围绕课堂讨论的大问题而发散出来的子问题，是课堂讨论问题的具体化。考虑到部分学生学习兴趣不高、主动性不强，这个阶段的管理与督促就非常关键，是关系到课堂实践教学成功与否的重要因素。

第二，课后管理。根据课堂讨论情况，结合课前学生学习准备，写一篇学习报告，对整个实践教学活动进行总结，实现由知识学习向能力培养方面的转化。

（2）课内管理

教学过程管理就是将课内与课外相结合，充分调动与发挥学生学习的主动性。课堂讨论时，把课堂交给学生，教师要做好以下几个方面的管理与辅导学习工作。

第一，引导学生围绕问题与教学目标进行讨论。

第二，注意把握课堂讨论节奏，调动课堂气氛，保证课堂讨论交流顺利进行。

第三，对学生的观点予以适当点评，多予鼓励与表扬。

第四，对整个教学活动进行总结，留下需要进一步思考与阅读的问题。

考虑到思政理论课教学的实际情况，一个学期内，一个学生可以专门深入研究一个问题，希望在这个研究性学习过程中，学生能够提出问题，有自己的看法，从而扩大知识面，培养能力。

（3）课堂实践教学反馈

课堂实践教学与理论教学紧紧相扣，对学生的教育和影响是直接和具体的，时效性很强。

第一，实践教学活动结束后，教师要及时组织学生进入分享环节，让学生谈谈体会和感悟。同时，教师应给予适当的点评。

第二，在分享环节之后，教师应对实践教学活动的意义做综合讲述和分析，回到理论教学的内容，以期达到实践论证理论、理论与实践相结合的教学目的。

第三，教师要对实践教学活动全过程进行小结，对于学生的参与予以表扬和鼓励，同时指出成功的地方以及不足的方面，以期以后的课堂实践教学活动有更进一步提高和完善。

3. 课堂实践教学组织管理的建议

在思政课课堂教学中，开展实践教学是一个不断探索和完善的过程，思政课教师应从以下几方面开展课堂实践教学：一方面，全面认识课堂理论教学和实践教学之间的关系。课堂理论教学和课堂实践教学是密切联系的。教学目的上二者完全一致，都是为了提高学生的马克思主义素养，帮助学生树立正确的世界观、人生观、价值观，提高学生分析问题、解决问题的能力。教学方式上两者相互依存，实践教学必须紧紧围绕理论教学的目的和内容展开，以课堂教学的理论为指导，进行实践教学目标、内容和环节的选择。另一方面，课堂理论教学也依赖于实践教学，适当适时地开展课堂实践教学，有利于推动理论教学的有效进行，增强理论教学的说服力和影响力，进一步提高思政课教学效果。

（二）课堂实践教学的影响因素及有效性途径

1. 影响课堂实践教学的主要因素

（1）教师

在课堂教学组织管理过程中，教师是这一管理行为的引导者和协调者。教师必须具备相应的技巧和能力，才能使自己与课堂客观环境、与学生之间的关系处于和谐状态。教师课堂组织管理能力的高低，直接影响教师课堂实践教学的质量，也会对学生学习产生极大的促进或消极作用。教师是教育改革的主要力量，教师课堂组织管理能力是教师有效教学的重要保障。

（2）教学内容

教学活动中的教学内容，所指的主要是教学层面上的教学内容，也就是教师和学生作用的对象或客体，它是经过课程设置和编制具体化了的知识、技能、思想观念、行为习惯，是学生活动的全部内容。教学内容不仅仅是"教什么"和"学什么"的问题，更重要的是"怎么用"的问题。要使课堂教学有效，就必须使教学内容有效。教学内容被学生应用到日常生活中，就说明教学内容有效。根据教学内容本身的性质和教学的目的要求，教师要考虑教学内容的多少、教学内容的呈现方法等。

（3）教学环境

一个课堂的心理环境一旦形成，就具有其相对的独立性和稳定性。独立性指的是班级和班级之间的课堂心理环境不一样，一个班级在不同教师的引导形成的课堂心理环境也不一样；稳定性指的是一个班级在某门课的课堂上心理环境一旦形成，基本上就会持久保持下来。这种持久性和稳定性，将会给在其环境下学习的学生带来相对稳定的影响。根据课堂心理环境对学生学习影响产生的结果，可以将课堂心理环境分为积极的和消极的两种。

2. 提高课堂实践教学的有效性途径

所谓的有效性是指教师以尽可能少的时间、精力和物力投入，让学生的整体素质得到尽可能多的发展。有效的课堂教学组织管理行为是指教师在课堂教学中为学生知识结构的完善，学习技能的发展，正确的世界观、人生观、价值观的形成创造有利条件的方式方法。

（1）建立有效的课堂气氛

课堂气氛是班集体在课堂上所表现出来的心理气氛，通常是指课堂里某些占优势的态度与情感的综合状态。具体而言，是指课堂活动中师生相互交往所表现出来的相对稳定的知觉、注意、情感、意志和思维等心理状态。教师展示温情和支持，鼓励竞争或合作，允许独立判断和选择的方式，因而创造了课堂气氛。你选择什么样的方式，就会有什么样的课堂气氛。教师在使用多种教学策略的同时，会营造各种课堂氛围。尽管社会心理学家的早期研究试图说明某类课堂气氛最利于个体行为，而结果表明不同的课堂气氛皆有利弊，这要看其特定的目标。因为从一堂课到另一堂课，从这周到下周，目标在变换。所以，为了实践教学目标的实现，课堂气氛也必须随之变更。当目标更换而课堂气氛不变时，在这个阶段学生就会有脱离任务的、破坏性的甚至是对立的行为。建立有效的课堂气氛，需要教师花时间创建使学生感到愉快、振奋、融洽的学习环境。

（2）制定有效的课堂规则

建立明确的课堂规则，同时坚持实施这些规则，能够为学生创建一个和平、安全的学习环境，保证课堂教学活动的清晰和连续，保证学生积极地参与到课堂实践教学过程中，有效提高学生课堂学习效果。制定规则应遵循的一个基本要求是，教师要在适合学生认知水平和能力的基础上，让学生参与到制定规则的过程中。学生参与制定规则的方式，依其参与程度可分为四种：第一种是完全参与型，即教师将制定规则的权利赋予学生，由学生提出并决定规则的内容；第二种是学生主导型，即由学生提出规则，然后征求教师的意见，学生依据教师的意见对规则进行修改；第三种是教师指导型，即由教师对规则制定的整个过程进行指导，和学生共同确定规则的内容；第四种是教师主导型，即教师提出规则后，交给学生讨论并对讨论过程进行指导，教师在综合学生意见的基础上，对规则的内容进行修改后，再将修订后的规则发给学生。

（3）形成课堂教学效能研讨活动制度

为引导教师高度关注教学有效性问题，提高课堂教学效率，增强课堂教学针对性和实效性，促进教师专业成长，提高课堂教学质量，可以尝试定期举办课堂教学效能分析研讨活动，并将此活动制度化。课堂教学效能分析，旨在通过对课堂教学行为有效性的分析，反思影响教学目的达成度的因素，以便优化教学设计，不断提高教师的课堂实践教学设计能力和课堂驾驭能力，使教师在课前和课中的辛勤付出得到更有效的回报。形成课堂实践教学效能研讨活动制度，能够不断纠正视听，规范教师课堂教学管理行为，引导其自觉追求课堂教学道德意义上的高效率。

（4）正确处理学生课堂不良行为

处理课堂不良行为时，教师通常采用的是指责和处罚的方式。对学生的不良行为进行处罚，虽然有可能轻易而迅速地制止学生的不良行为，但惩罚的后果往往是，学生开始采用更加微妙的回避技巧来对付惩罚，他们学会了如何推卸责任、不承认做过这些不合规范的行为。同时也会影响师生之间良好关系的建立，或破坏已经建立的良好关系。学生渴望在同学面前赢得地位与尊重的需要与日俱增，即便学生本人的行为的确有过失，但如果教师在全班同学面前惩罚他，学生也会因为感觉在同伴面前丢脸，而对教师怀有敌意，师生之间还有可能在课堂上爆发严重的冲突。教师在处理学生课堂不良行为时，不能简单地采用指责和处罚的方式，或对不良行为置之不理，如果能将违纪行为看成是生活中自然而平常的一部分，同时能够正确地区分由文化、价值观差异产生的问题和行为问题，那么面对学生的违纪行为时，就不会怒火中烧，而是能够保持一种平和的心态，这对合理有效处理学生不良行为是极为重要的。

二、思政课校园实践教学的组织

（一）学生社团

1. 学生社团为思政课实践教学提供了广阔的舞台

大学生社团是由志趣和爱好相同的学生自愿组织起来的具有固定名称和活动范围的学生群体组织。它以学生的兴趣爱好为基础，以锻炼能力、提高学习为目的，以活动为纽带，且可以打破专业和年级的界限，成为学生在课堂、寝室之外的重要活动空间，对学生的成才和成长具有重要的影响。要充分发挥大学生社团在校园文化建设中的重要作用，大力扶持理论学习型社团，热情鼓励学术科技型社团，正确引导兴趣爱好型社团，积极倡导社会公益型社团。

学生社团具有信息传播对象多、速度快的特点。共同的理想、爱好和兴趣把学生们聚集在一起，容易产生凝聚力和向心力，有助于培养学生的团队精神。每个社团都有自己的章程和管理条例，明确的部门职责、活动计划等。社团活动方式呈现多样性，社团活动不受时空的限制，活动方式灵活多样，如座谈会、社会调查、影视欣赏、辩论、网络交流、社会实践、公益活动等，这就构建了无形的教育组织平台，为大学生的思想教育提供了广阔的舞台。

2. 学生社团在思政课实践教学中发挥了重要作用

（1）学生社团成为大学生思政课实践教学的重要阵地

高校学生思政课除了课堂教育外，更重要的还是学生日常生活管理中的实践性教育。通过实践，学生可以更进一步地理解和掌握思政课课堂上难懂的理论知识。学生社团以其影响的广泛性、内容的直接性、参与者的自愿性、活动方式的多样性和活动效果的有效性，越来越为广大学生所接受和认同，并且越来越凸显其在大学生成长过程中的重要作用。

学生社团使学生超越了班级、专业和院系的限制，在社会交往能力方面获得极大的提高，使学生更容易接受集体教育和社会教育，从而增强个人的爱国情感和民族精神的自豪感，坚定社会主义的自信心。在学校精神文明建设中，对建设良好的学风、校风，营造浓郁的文化氛围，对传承优良历史传统，拓展大学生综合素质都起着重要的作用。

（2）学生社团可以承载思政课教师实践教学的多项环节

学生社团的组织和参与大大提高了思政课教师在实践教学中的效率，尤其解决了一些学校思政课教师资源不足的问题。同时，大学生社团在帮助教师完成实践课教学任务的过程中也获益匪浅，既为大学生实现自我、完善自我提供了机会，又使社团成员间相互学习，取长补短，有利于学习多种技能，有利于培养大学生的人际关系与团结协作能力，有利于身心健康发展，所有这些都是在思政课课堂上学不到的，只有在类似的实践中才能提高大学生的思想道德素质和科学文化素质，从而增强了思政课实践教学的时效性。

3. 加强学生社团在思政课实践教学中的组织功能

（1）加强思政课教师对学生社团活动的指导

高校思政课教师与学生工作系统中负责社团相关事务的教师相比，"两课"教师对基本理论的掌握更加系统和扎实，对时政信息的把握也更加敏感和准确，这使得他们在将理论与实践相结合方面有独特的优势。"两课"教师参与社团建设后，可以把承担的科研项目分解成子课题作为特色实践环节，由学生社团组织进行调研，引导青年学生以更广阔的视角去关注国家和社会；还可以通过学生社团更直接地了解学生，准确了解学生的思想动态，为思政课的教学提供更多的辅助信息。

（2）使学生社团活动内容与思政课实践教学内容相结合

学生社团要选择与思政课实践教学内容结合紧密的活动内容和形式，保证活动内容的政治性、思想性和教育性。思政课教师要积极探索如何使实践教学与学生社团活动相结合，使思政课实践教学以社团活动形式开展，将思政课课堂教学的内容同当前社会焦点问题联系起来，采取讨论、调研等方法，让学生自主实践，如关于新中国成立以来人们吃穿住行变化的调查，参观雷锋纪念馆，开展哲学辩论赛等，充分调动学生学习的积极性和主动性，提高思政理论课实践教学的吸引力和感染力。

（3）在思政课成绩考核体系中加入学生社团成员的考评

学生社团可以通过考核出勤、活动表现等对社团成员进行考评。在每学期期末通过加分和减分来量化社团成员的得分情况，把社团成员的考评分数按照一定的比例加入思政课的总成绩考核体系中。这不仅优化学生思政课考核方式的评比方法，而且大大提升了学生的思想道德素质和实践能力。

（4）加强学生社团建设

一要培养社团骨干，社团干部确定后有意识地组织他们学习，提高他们的政治觉悟，提高他们把握全局、服务大局的意识和能力。二要加大社团活动硬件设施的投入。社团活动要有专门的场地；社团工作要建立经费体系，按照社团所处阶段的不同采用有差别、有侧重的经费支持政策，形成与社团发展相适应的社团工作经费体系；社团知名度要靠宣传，开展专题宣传，提高在学生中的知名度，常用的方法是全体社团组织的集中招新；加快精品社团建设步伐，社团联合会中一定要有一批发展前景好的学生社团优先发展，成为全校社团的火车头。对认定有较大发展前景的社团，要在前期就侧重对学生社团思政教育功能实现方式的思考，并伴随社团活动内容的不断丰富进行调整变化，逐步提高功能的效果。

（二）校园文化活动

校园文化活动是思政理论课实践教学的重要平台，充分利用这个平台，不仅有助于校园文化的繁荣发展，而且有助于提高思政理论课实践教学的有效性。

1. 校园文化活动是思政课校园实践教学的实践路径

依托校园文化活动开展实践教学活动，为思政理论课实践教学开拓新领域和新阵地创造了有利条件。因此在丰富多样的校园文化活动中，思政理论课实践教学能够逐渐得以全方位展开。具体来说，基于校园文化活动的思政课校园实践教学主要包括以下几种实践路径。

（1）竞赛类实践活动

如大学生辩论赛、演讲比赛等竞赛活动。辩论是一项可以提高思辨能力、了解多种知识、培养团队精神、锻炼思维表达能力的活动。当前大学生辩论赛的辩题无论是思辨性还是现实性辩题，都与思政理论课教学内容紧密相连。参与此项活动，既有助于深化对重大理论问题的理解，又能提高大学生的思辨能力，培养他们的创新和团队精神。主题演讲不仅带给大学生语言的震撼，而且带来了心灵的震动和思想的升华。很多高校一直将这些竞赛活动看作思政理论课教学的第二课堂和大学生实践创新的重要平台。作为一项实践教学活动，思政理论课教研部门每次都选派教师参与指导或担任评审。一般而言，校内比赛，思政理论课教师主要担任评判工作，参加省级或校外竞赛则选派优秀教师担任指导教师。从实施效果看，应该说竞赛类实践活动使得校园文化活动和实践教学和谐相长，各项竞赛也取得了较好的成绩，思政理论课实践教学也变得更加丰富多彩。总之，诸如主题辩论、主题演讲等竞赛活动，以竞争的方式激活了大学生的创造性思维，激发了大学生的团队意识和社会责任感，在潜移默化中提升了思政教育的效果。

（2）主题实践活动

如最佳党团日活动、主题班会等。党团日活动方式多样，内容丰富。这些活动可以使党团员大学生充分意识到党团员在保持先进性、发挥先锋模范作用、争先创优中的重要性，更加坚定其社会主义信念。主题班会是围绕特定主题而开展的班级教育活动，通过主题班会来明辨是非、提高认识，树立正确的世界观、人生观和价值观，激发大学生的历史责任感与使命感。

当然，校园文化中有些项目是基于兴趣和爱好而开展的，意识形态色彩较淡，看起来好像与思政理论课实践教学相去甚远。但对这些校园文化活动的正确引导，培养学生良好的兴趣爱好，促进大学生的全面发展，恰恰是培养优秀的社会主义建设者的基本要求。因此，立足校园文化开展思政理论课实践教学要有开阔的视野，不能自筑篱笆，自我封闭。

2. 以"三个结合"促进思政课校园实践教学的发展

（1）团学部门的组织发动与教学部门的指导考核相结合

校园文化活动作为一项校内实践活动，其蓬勃发展离不开各级团学机构的组织和动员。参与校园文化活动的主体是大学生，团学组织对大学生影响力和号召力较大，通过它们进行发动和组织比较有效。实际上，大多数校园文化活动本身就是各级团学机构发起并组织的。但作为思政理论课实践教学的一部分，思政课教学部门必须根据校园文化活动的形式和特点，选派相应的思政课教师参与指导，并对大学生参与情况进行必要的考核。两个部门的密切合作是基于校园文化活动的思政理论课实践教学顺利发展的基本条件。

（2）学生全员参与和自主选择相结合

实践教学是与思政理论课理论教学并重的一项教学环节，在实践教学过程中，教学部门和教师对所有学生的要求是一致的，所有学生都必须参加，教师根据学生参与情况给予评分，并以一定比例计入学生的思政理论课总评成绩。在丰富的校园文化活动中，我们鼓励大学生根据自己的个性和特长选择最具有优势的实践形式。任何实践活动，只有尊重主体的选择性，实践主体的积极性和创造性才能得到充分发挥。大学生个性差异大、能力类型不同，实践创新也会有较大区别。可是在传统的实践教学活动中，社会实践往往局限于社会调查和社会服务，大学生可选择余地不多，大学生难以根据自己的个性和特长来选择自己较为擅长的实践活动，因此大学生的实践创新能力也难以得到充分的体现。将思政理论课实践教学与校园文化活动结合起来，就是希望激发思政理论课实践教学的活力。在参与校园文化活动的过程中，大学生不仅展现自己的个性特质和个性魅力，而且自身的思想道德品质和实践创新能力也会在实践中得到不断提升。

（3）教师的全面参与和重点指导相结合

校园文化活动与思政理论课实践教学的结合，不仅要求每个学生至少参加一项校园文化活动，而且要求所有教师都参与到校园文化活动中来。除了校园文化活动主办方的邀请外，思政课教师还应主动走进大学生的校园文化活动中，包括直接参与活动和对活动的直接指导。教师的全面参与既是思政理论课实践教学的要求，也是推动校园文化活动高效开展的需要。但是，全面参与不等于平均分配教师资源，应根据学校特色，选择若干活动进行重点指导，打造特色项目或优势项目。这不仅有助于提高学校校园文化活动的知名度，而且有助于增强校园文化活动对大学生的吸引力，从而在带动校园文化活动的发展和繁荣同时，塑造品牌和特色也是提高思政理论课实践教学效果的必然要求。在思政理论课实践教学过程中，既要兼顾面的普及，让每个大学生都能在实践中得到锻炼，同时又要抓重点、树典型，并通过典型带动一般，从而全面提升思政理论课实践教学的水平。

三、思政课社会实践教学的组织

（一）参观考察实践教学组织

参观考察革命纪念地，作为思政课教学社会实践的一种具体形式，能够使学生近距离地体验到革命先辈坚强不屈的革命斗争精神、中国人民对革命的拥护支持以及对革命英雄的敬仰和爱戴，使学生在实践中接受革命传统教育、爱党爱国教育，培养爱国主义、集体主义和革命英雄主义精神，增强学生的社会责任感和使命感，使学生坚定信念，刻苦学习，成为栋梁之材。开展此类实践活动，旨在使学生学习和继承优良传统，弘扬革命精神和时代主旋律，增强对社会主义核心价值体系的认同，坚定为把祖国建设成富强、民主、文明、和谐的社会主义现代化国家而奋发学习的理想和信念。

参观考察的实践活动包含 5 个部分，分别是组织学生观看关于参观地的影视资料，了解当年的革命事迹；带领学生追寻革命足迹；走访革命亲历者或知情人，重温革命历史，感受峥嵘岁月；撰写一篇实践报告；实践小组之间相互交流实践感受。

参观考察的实践活动以学生为主体，以参观和访谈为主线，以革命遗址为载体，在任课教师指导下，以实践小组为组织单位，以相互交流实践感受为成果展示形式进行组织安排。

参观考察实践活动是以情境教学法为理论根据设计的。情境教学法是指在教学过程中，教师有目的地引入或创设具有一定情绪色彩的，以形象为主体的生动具体的场景，以引起学生一定的情感体验，从而帮助学生理解和感悟知识，并使学生的思想情感得到升华的教学方法。情境教学法的核心在于寓教学内容于具体形象情境之中，激发学生的情感，使学生受到一定的思想教育。追寻革命足迹的实践活动，就是通过让学生参观考察革命遗址、遗迹以及纪念馆（堂）等爱国主义教育基地的方式，为学生提供一个受教育的特定情境，在这个具有深厚历史文化和洋溢着革命精神的氛围中，使学生穿越历史时空感受革命先辈为国为人民所走过的不平凡的足迹，从而使他们内心受到触动，心灵受到震撼，情绪受到感染，感情得到升华，深化课堂理论教学效果。

（二）社会调查实践教学组织

社会调查是人们有计划、有目的地运用一定的手段和方法，对有关社会事实进行资料收集整理和分析研究，进而做出描述、解释和提出对策的社会实践活动和认识活动。在思政课教学中实施以"指导学生开展社会调查，撰写调查报告"为主要内容的实践教学，培养大学生运用马克思主义理论指导自身实践，符合思政课的教育目标。

开展社会调查实践教学有助于学生形成主动探求知识、重视解决实践问题的积极学习方式；有助于加强对学生社会实践能力的培养，提高学生的社会实践能力；同时在培养学生的个性特长，挖掘学生的潜能，以及帮助学生在活动中感悟人生、学会做人等方面都具有非常重要的作用和意义。社会调查基本要求如下：

1. 客观性

客观性是指在社会调查中，资料的收集、分析及结论的得出都应排除研究者主观因素的干扰。该原则是社会调查的核心，也是社会调查材料的生命力和价值源泉。具体来讲，在调查研究中应坚持客观性。首先，端正调查目的，具有求实的态度，以事实为准绳，不"唯上"，不"唯本"，只"唯实"。其次，应注意观察和认识事物的差别和变化，把握事物所处的具体时间、空间和其他条件，及时调整调查设计，在调查中将事物的发展变化反映出来。最后，具体问题具体分析。

2. 系统性

社会调查研究在坚持客观性和科学性原则的基础上，要适应社会现象具有的系统性和整体性特点，贯彻系统性原则。因为，社会本身就是一个大系统，在调查研究的过程中应密切注意子系统之间、子系统内部诸要素之间的关系，把调查对象放在一个系统、一个整体中分析，了解其内在规律和本质。

3. 理论和实践相结合

社会调查研究过程就是理论与实践相结合的过程，实践的需要提出了社会调查的任务，促使人们进行社会调查，调查所形成的理论又需要放到实践中去检验，并指导实践。只有理论与实践相互结合的社会调查，才能真正达到发现事物本质、正确预测和提出对策的目的。

（三）服务性学习实践教学组织

"服务性学习"强调在学习理论的同时，让学生服务社区。进行社会实践活动，在社区服务、社会实践过程中感悟理论、体验生活，从而有效实现思政课的教学目标。学生通过参加"服务性学习"改善自己的学业效果、完善个人品格、优化人际关系，最终实现自身的学习与发展。

1. 服务性学习实践教学设计

"服务性学习"的目的、宗旨和思政课的性质、任务不谋而合；它强调学生进社区服务而提高自身能力的教育路径，这和我国教育目标中要求大学生成为复合型人才的要求重合。借鉴"服务性学习"理念，打破以往单纯理论教学模式，引入实践教学环节，构建理论专题教学模块和实践实训模块互动的教学模式，充分发挥教师的主导性和学生的主体性，深化课堂教学，搭建他律和自律沟通的实践桥梁，促进道德规范内化于心而外化于行，从而提高教学的实效性。

（1）养成性课程定位

在内容设计上，始终遵循学生思想品德养成的基本规律，通过引导学生深入生活，深入实践，在服务践行之中不断发现问题、分析问题、解决问题。在体验之中，理解和掌握思想品德教育理论，并在长期的自我教育实践与体验中，学会自我学习、自我约束、自我评价，将思想道德理论内化为自身的信念，从而在根本上树立起服务精神，养成服务社会的良好习惯和品格。

（2）职业性内容设计

内容设计上与学生不同阶段的专业教学、学习环境和实践场所相吻合，针对具体的职业岗位，开展思想品德教育，将思想道德教育和法制教育落到实处，并引导学生在仿真或真实的职业场景中锻炼，从而使大学生树立正确的世界观、人生观、价值观、道德观、职业观、就业观和创业观。

（3）体验性教育过程

德育活动要注重在实践活动过程中强化学生的体验性教育，注重情感体验和道德体验的内化。让学生走出课堂，体验生活、体验社会、体验职业岗位、体验人生，让学生在体验中受教育、在体验中感悟、在体验中养成优良品质。通过行动体验等教育形式，使学生体验到现实生活的真、善、美，假、恶、丑；让学生真正知荣知辱，引导学生思考"我该为社会做些什么，我又为社会做了些什么"，真正体验到人在社会应担负的责任和使命。这样，达到由感性到理性认识的升华，培养学生的道德思维和价值判断能力，真正减少学生的问题行为和高危行为。

（4）探究性学习方法

在教育教学过程中采用探究性学习方法，每个教育专题均设"问题聚焦""实践探究""交流与提高"等教育栏目，引导学生带着问题进入社会、进入企业，在调研与体验之中发现问题、分析问题、解决问题，在相互交流、相互探讨的互动式学习中启发学生思考问题、分析问题、解决问题，在亲身体验之中理解和反思理论知识，经过思考、归纳，使感性认识升华为理性认识，并把它内化为自身的认知和感悟，从而形成正确的价值取向和道德观。

2. 服务学习实践教学路径

在构建"大德育"体系的基本思路指导下，根据现有客观条件和学生的实践水平，将学生服务学习的实践活动整合为以下几个实践主题。

（1）走进社区，促进成长成才

实践活动的方式包括参观校内校外实训基地、行业人士讲解专业发展方向、到学院的联合办学单位顶岗实习、学长介绍学习经验、拟订职业生涯规划。实践目的是通过上述活动，帮助学生对大学培养目标的理解，学会接纳自己和学校的现状；帮助学生树立专业思想、科学定位自己、科学规划自己的学业和职业发展方向。

（2）奉献爱心，践行社会主义核心价值观

通过该专题实践，引导学生创建社区作业吧，参与留守儿童教育、空巢老人照顾等义工服务，让学生真正树立正确的社会主义核心价值观，提高其思想道德素质。

（3）和谐社区，志愿者服务

各专业学生利用自己的专业特长在课余时间为社区居民服务，如：计算机专业学生开设"电脑诊所"，为社区居民的计算机软硬件故障进行诊断和维护；电子应用技术专业的学生设立"电子协会"，为社区居民维修家用电器。

（4）服务社区，促进城乡一体化

"服务性学习"与"三下乡"社会实践活动虽然性质、内容不尽相同，但两者存在融合的新思路。通过有效管理活动过程，结合"三下乡"活动，组织学生到农村去参观考察，让学生了解农村需求，理解国家新农村建设的政策及构建和谐社会的意义，更让学生感到自己肩负的历史使命，并努力找寻解决出路，并为之建言献策。

（5）法制社区，提高公民法律素养

农村学生利用寒暑假回家之际，向家人、乡邻宣传法律知识；城镇学生在社区普法。学校应组织学生定期到社区进行普法宣传，并提供咨询服务，要求学生写出调查报告或总结。通过践行"服务学习"理念，组织学生参与社会实践，让学生在服务学习中反思，在实践活动中感悟，提高学生的思想道德品质和法律素养。

（6）体验革命生涯，珍惜幸福生活

组织学生参观革命纪念地和伟人故居等，让学生理解我们先辈的奋斗精神和革命时期的艰苦生活，激发学生作为中国人的自豪感，珍惜今天的和平时代，向榜样学习，为国家和民族的强大做出自己的努力。

3．实践教学应注意的问题

（1）实践教学与学生专业相结合

安排实践教学单元时，要根据学生的专业特点进行设计，充分调动教师和学生的积极性，处理好理论教学与实践教学的关系。避免"服务性学习"实践教学与传统的团委组织的"三下乡"等暑期社会实践等同而将其泛化。

（2）建立保障机制

要进一步落实学校党委统一领导，主管校领导负责，学校宣传、学生、教务、科研和财务等部门相互配合，思政理论课教学单位贯彻落实的领导机制和工作机制，要确保生均15~20元的思政理论课基本建设经费，使实践实训模块的教学单元能真正实施下去。

（3）完善考评机制

考试是检查学习情况和教学效果的一种重要方法，但它绝不是唯一方法，要逐步形成一套闭卷与开卷、笔试与口试、平时作业与期末测试、理论认知与实际表现相结合的综合考核制度，将实践教学制度化、常规化。

第五章 高校思政教育辅导员队伍建设

第一节 高校辅导员队伍的概述

一、高校辅导员的工作概念

（一）高校辅导员的工作描述

每个社会角色与其他社会角色所产生的联系形成了社会关系。社会角色的产生主要是为了满足社会的需要，产生的角色也会随着社会的变化而不断地丰富自己的角色形象。

对于辅导员的概念来说，"辅导"的意思是帮助和指导，那么辅导员是指对学生进行辅助性帮助和正确指导的校内工作人员。大学辅导员的早期称谓是"政治辅导员"。对辅导员这一概念，看似非常简单，大家都认为自己对辅导员有所了解，但其实对辅导员的深入认知却十分模糊，主要是因为其日常行为和工作职责的繁杂，让人难以对辅导员有清晰明确的认识并给予其专属的定义。

高校辅导员被简单地认为是学生日常事务的管理者。辅导员在高校中要从事和学生相关的日常工作，包括生活、学习、心理辅导、评优评奖、就业创业指导等，其方方面面都需要辅导员进行管理。有的辅导员还会承担部分教学工作。在高校中辅导员的工作性质还存在着专职和兼职之分，专职辅导员是指专门从事学生管理事务及思想政治引导工作的辅导员；而兼职辅导员多数是因为学院内人手不够，大多兼职辅导员是为了辅助专职辅导员工作的研究生或课时较少的在职教师。因为辅导员的主要工作对象是学生，从学生的学习到生活，这一现象使得许多人认为辅导员是一份没有专业含量的工作，实际上就像学生的"全职保姆"，院校的"勤务部"，高校辅导员的工作量较大，且较为繁杂。

但是结合对角色和高校辅导员的概念界定，高校辅导员角色是指在高校从事辅导员工作时，所呈现出的满足角色期待的行为模式。社会其他角色对高校辅导员角色有着专属的角色期待，且高校辅导员角色拥有着代表这一个体的身份与地位，行使其相应的权利和义务。

辅导员担负着学生思想道德等方面的教育职责，工作在学生思政教育第一线，是高校学生思政教育的重要组成部分。但是辅导员的角色定位也存在一定的问题，比如，辅导员管理学生的各项事务，主抓课程安排、上课出勤、寝室卫生和组织各种活动等，但是辅导员与学生之间的关系被理解为管理与被管理，忽视了教师与学生的关系。正是由于辅导员职责覆盖范围含糊，日常学生事务琐碎，工作重点难以突出，而且处于受多个部门管理和监督的学校管理机构最底层，使其教师身份时常被忽视成为不争的事实。辅导员本人容易沦为学校的边缘人物，不容易得到社会、学校和学生的认同。辅导员岗位更容易被认为是不具有专业性，而是具有很强的替代性的职位。

因为辅导员日常事务繁重和这种角色定位的不清晰，使得辅导员本职工作不能很好地发挥和展现，陷入了困境。角色定位不清，还容易导致辅导员对未来职业发展不明确，职业发展信心和动力不足，造成很多辅导员在心理上缺少归属感和成就感，不利于高校学生事务工作的顺利开展。

为此，我们应该认识到高校辅导员这一角色在高校乃至高等教育领域中扮演着无法替代的重要角色。相比其他在校教职工人员，高校辅导员的工作职能扮演着多重角色，也背负着不同人群的角色期望，是社会、学校、家庭之间的纽带，也是上级、教师、学生和家长之间的桥梁，面对着来自不同方面的期望。就国家而言，希望辅导员成为思政教育引导者，提高学生思想觉悟；对于学校而言，希望辅导员成为学生的良师益友，学校相关政策的良好传达者和执行者；对于学生家长，希望辅导员关心和负责离家学生的生活和学习；对于学生而言，希望辅导员不是管理者，而是知心朋友。

辅导员作为高校教师的重要组成部分，渴望受到社会的良好评价和认可，渴望受到任课教师同样的待遇和尊重。对个人发展空间和职业长远规划、科研和培训也有要求，而这些要求的事与愿违，则往往容易引起角色冲突。

此外，辅导员自身性格和价值取向等也可能会引起角色冲突。处理大量的学生工作和负责上下级信息的传达，这要求辅导员具有良好的交际能力和开朗的性格，更要具备较强的心理承受能力。面对日益变化的各种观念，辅导员如果不能及时转变观念应对等，对新旧观念进行调适，很可能在工作中陷入角色冲突之中。

辅导员工作与行政事务工作不同，也与一般的教学工作不同。辅导员作为大学生教育的骨干力量，应努力做到全身心投入工作，有工作热情，对学生充满感情。

而且就辅导员从业人员应该具备的职业技能与专业素养来说，这一工作不是说任何单位的工作人员、任何毕业生都能够从事的，这个岗位自成专业体系，要求从业人员有着综合技能与多门专业知识。主要包括：社团组织、社交礼仪、人际关系、就业指导、心理咨询、管理学、教育学、心理学、思政教育，辅导员从业人员只有在经历一系列的严格的培训和专业学习后，达到从业标准才可以正式上岗。可以清楚地认识到困扰学生的问题，做到深入理解学生所遇到的困难，用自己的经验、技能、知识提供给学生相应的帮助和引导。高校辅导员从业人员的无可替代性与专业化，是让从业人员心甘情愿地履行职业义务的保证。高校辅导员这一工作的专业化也可以通过实际的教学工作方面来体现，需要为学生讲解专业的知识，包括思政教育、人际关系处理等，这些都需要具备较高的专业能力，辅导员需要在这些方面不断进行提升，以此来不断增强个人的专业化水平。

（二）高校辅导员的重要价值

首先，从高校的管理和发展来看，辅导员应成为高校管理的重要力量。在辅导员的工作中，他们几乎与学校各部门都有联系。辅导员工作在学校管理的前线，有丰富的管理经验。辅导员既是学校行政、教学及科研等方面的管理者，还是学生学习和生活的管理者。因此，辅导员应积极提升自己，成为学生管理的骨干力量。

其次，辅导员是学生成才的人生导师。青年是祖国和民族的未来和希望，辅导员应担负起培养大学生的重任，成为学生的人生导师，将高等学生的人生理想、人生信念与社会主义信念结合起来，引导学生正确面对人生中的重大问题，认清人生发展的正确道路，勇于面对艰难险阻，能经受住各种考验，为国家建设作贡献。

二、高水平辅导员应具备的特征

（一）素质方面

一是优秀的道德素质。高校辅导员要培养学生优良品格，塑造学生的灵魂，还要向学生传授做人的道理。这就要求高校辅导员首先要具备良好的思想道德风范。辅导员的个人的思想道德风范对学生有重要影响，这种影响是教材、道德格言、奖励和惩罚都不具备的。辅导员良好的个人思想道德风范能够成为学生学习的榜样，良好的个人思想道德风范也能够提高辅导员在学生中的影响力和公信力，使辅导员更易于展开学生工作。辅导员良好个人的思想道德风范主要包括以下几点：第一，个人品德。高校辅导员良好的个人品德是指品德高尚，平等地对待学生，为人真实诚恳，对自己有严格的要求。第二，职业道德。高校辅导员的职业道德有三层内涵：一是高校辅导员要有崇高的职业信念，在工作中，要保持积极向上的心态，及时了解学生的学习情况。二是高校辅导员要有高尚的职业道德品质和精神品质。三是高校辅导员要有创新意识。辅导员要遵循因材施教的理念对其进行教育。同时，辅导员要大胆创新，改革教学模式和教学方法，更好地为学生服务。

现阶段，我国高校辅导员已经清晰地认识到了新形势下，凸显高校思政教育的地位、作用。在工作过程中，表现出责任感、使命感、职业荣誉感和奉献精神。但要注意的是，在社会主义市场经济条件下，物质财富极大提高，人们的价值取向逐渐呈现出多元化的特点，由追求长远的目标转变为追求眼前目标，由追求精神富足转为追求物质财富，由追求集体利益转为追求个人享受。再加上在新形势下，高校辅导员工作任务艰巨、工作难度高，工作责任大，而辅导员的待遇与辅导员的付出不符，一些辅导员出现心理落差，责任意识和敬业意识开始淡化，并表现为工作中的种种问题。

二是良好的心理素质。良好的心理素质能够帮助高校辅导员更好地完成学生工作。处理好学生工作要求辅导员要具备以下几项心理素质：第一，辅导员要对学生工作充满热情，要有耐心。第二，辅导员要有宽和的心态，面对突然出现的情况要不急不躁，面对工作上的误解要不愠不怒。学生不配合自己的工作时要平和处理，积极与学生沟通，不可粗暴对待。第三，辅导员要富有爱心。第四，辅导员要有进取心和坚定的毅力，要能够应对工作中出现的问题和挑战。

（二）能力方面

能力结构是高校辅导员组成部分的软件，是辅导员现代转型的中心环节，是辅导员履行职责的必要条件。高校辅导员能力的现代转型有别于理念的现代转型，不是对过去不良因素的消弭，而是对于过去能力的发展，是针对变化发展的社会不断丰富自己的能力体系。

第一，组织协调能力。一般情况下，高校辅导员要管理的学生约有一百多人，如此庞大的群体要求辅导员要具有组织管理能力和协调沟通能力。在工作中使用科学的管理方法能够培养学生的独立意识、现代生活观念和人文精神。高校辅导员的组织协调能力包括班级结构设计、班级人员配备、指导班级实现学习目标。班级结构设计要以班级整体目标和班级的主要任务为基础。班级人员配备要能够促进班级目标的实现。指导班级实现学习目标包括重视学习计划的作用、指导班级制订科学的学习计划、监督班级执行学习计划。班级学习计划包括班级活动的目的、时间、地点、人员安排和具体内容。班级学习计划对于班级和辅导员都十分重要，它能够帮助辅导员根据环境的变化为班级的发展制订对策。

第二，科学研究和创新能力。高校中的辅导员工作有实践性的特点。在具体的工作实践中，高校辅导员目睹了大量的问题，对这些问题，高校辅导员有自己的思考，但这种思考不应是建立在经验的基础上的，而是要归纳总结新经验，结合以往经验，形成理论，以便为之后的工作提供指导。因此，高校辅导员要将传统的基于经验的工作模式转变为学术型和研究型的工作模式。

第三，评估学生思想状况和需求能力。全面掌握受教育者的思想状况，精准了解受教育者的物质和精神需求，是高校辅导员选择正确的教育方法、载体、内容的前提条件，也是预测受教育者发展趋势和适应受教育者个性化发展的必然要求。高校辅导员既是教育者又是管理者，同时也是服务者，在全面推进素质教育的工作中具有重要作用。高校辅导员应具备服务学生的能力以扮演好服务者的角色。比如，现阶段高校毕业生面临很大的就业压力，毕业生急需就业指导和就业帮助。辅导员与学生的关系最为密切，在毕业生的就业指导工作中具有重要作用。高校辅导员应为毕业生提供必要的就业指导和就业服务，指导毕业生科学择业，减轻毕业生的焦虑。

具体来说，评估学生思想状况和需求能力主要表现在以下几点。

第一，为有困难的学生提供帮助的能力。大学生在心理上、思想上会存在着一些问题和困难之外，也会面临生活上的困难，尤其是对于一些出身困难家庭的学生而言。他们处在新的生活环境中，往往会受到外界的影响，在生活困难的情况下，他们很难有足够的勇气融入学校这样一个大环境当中。与此同时，由于受到生活条件的影响，他们难以获得良好的物质保障，可能会影响到日常的学习与生活。因此，需要辅导员老师做到及时关心，并在必要时，提供力所能及的帮助。

第二，倾听学生、爱护学生的能力。与学生缺乏交流并且无法融入学生之中，想要顺利地开展工作是困难的。学生们来自五湖四海，文化教育有所差异，这也就意味着这份工作充满着复杂性，因此，辅导员对这份工作需要具有极高的热情、不计得失、不辞劳苦地融入学生中去，了解学生们的想法，提高自身在学生中的亲和力，与学生打成一片，成为良师益友，会为工作的开展带来了很多便利。

第三，与学生打成一片，了解学生的能力。辅导员在开展日常工作方面，需要融入学生当中，这样才能够与学生有共同的语言，从而成为学生的朋友。辅导员需要对学生管理教育工作的基本知识、方法和规律都有所了解，并且时时掌握学生的心理和思想特征。辅导员需要具备高度的责任感，想学生之所想。只有这样，对学生的思想与心理动态才能及时了解，才能够采取行之有效的辅导方式。

第四，语言表达能力。思政教育主要通过语言完成教师和学生之间的交流。因此高校辅导员要具备良好的语言表达能力，能够运用逻辑严谨、形象生动的语言。语言表达能力对于高校辅导员来说至关重要，辅导员要掌握一定的表达技巧，使自己的语言表达准确、严密、生动。高校辅导员要掌握交流沟通和论辩的技巧，能够准确完整地表达自己的观点，要善于做演讲和宣讲。高校辅导员的语言表达还要适应学生的层次性的特点。这些学生来自不同的年龄层，有各自不同的经历，具有不同的性格和素质等。比如，对于勤奋好学的学生要使用委婉的侧面提醒的方法；对于平时不遵守学校的规章制度和课堂纪律的学生要使用严肃批评的方法，直接对其不良习惯给出严厉的警告；对于自尊心较强的学生要使用柔和委婉的语言向其讲授道理；对于性格活泼的学生要使用活泼生动的语言对其进行教育；对于学生干部要采取直接沟通的方式，直接指出学生工作中的问题；对于学习成绩处于班级中层的学生要使用激励性的话语鼓励他们努力学习。

此外，高校辅导员的语言表达要满足学生爱的需要。高校辅导员要保证能够为学生提出正确的建议，在向学生提出建议的同时还要表达对学生的尊重。高校辅导员如果不是发自内心地喜爱学生，那么他的语言表达将是苍白无力的。高校辅导员需要对学生进行严格管理，但要通过耐心的教诲实现对学生的严格管理。同时，高校辅导员的语言表达要满足学生获得尊重的需要。高校学生有较强的独立意识和强烈的自尊心，针对这一特点，高校辅导员应在学生工作中使用恰当的语言激发学生的自尊心，使用幽默的语言向学生讲述道理使其发奋学习，以实现在平和的语境中获得最佳的表达效果。

第五，舆情研判能力。舆情研判能力是辅导员对于舆情信息（包括网络和现实）进行追踪、搜集、总结和发掘，在此基础上对舆情及其背后事件的发展趋势做出全面性预判的能力。这是辅导员预防危机事件发生、及时引导大学生正确发展的关键性能力，也是真正做好坚持巩固壮大主流思想舆论，弘扬主旋律，传播正能量，激发全社会团结奋进的强大力量的必要技能。

第六，驾驭复杂局面的能力。高校辅导员要掌握一定的心理学知识和心理发展规律，并对自己的心理特征有一定的了解，以帮助自己形成对辅导员角色的具体认识。在工作过程中，辅导员要面对来自各个方面的各种各样的问题，心理状态和情绪难免出现波动，这时辅导员就需要使用心理学知识调整心态，平稳情绪，以保证顺利完成工作。此外，高校辅导员需要在工作过程中保持良好的情绪，这样能够提高工作效率，也能使辅导员更受学生的欢迎。

第七，网络运用能力。网络运用能力要求高校辅导员除了运用网络共享、多媒体、虚拟技术等实现思想政治工作办公自动化，还要熟悉和掌握现代大学生常用的微信、微博，以及直播平台等网络社交平台。

第二节　高校辅导员队伍建设路径

一、聚焦辅导员角色特点

辅导员角色特点体现在职业化、专业化等方面。辅导员职业化、专业化机制要求辅导员不断提高自身职业能力与专业水平，从而更好地提高自身的辅导工作水平。在长期实践和发展中，每一种职业都会在条件成熟时形成专属的文化。这种精神文化是该群体共同的理想信念、价值观念、职业习惯等综合而成的，反映了该群体的特征，是群体的灵魂和精神纽带。辅导员的职业文化也是如此，它能够增强辅导员个体的归属感和集体感，从而产生推动整体进步的凝聚力。

（一）职业文化要求

辅导员作为与学生接触的一线教师，各方面的学生工作都需要辅导员的直接协调与参与。这些工作包括：思政教育工作、宿舍管理、职业规划、学生的安全稳定、帮困助学等。由此可见，高校辅导员在学生工作中发挥着不可或缺的主导作用，可以保证学生工作顺利开展，学生工作离不开辅导员的统筹、指挥、协调。

目前来看，学生思想问题的解惑者是辅导员的主要角色，学生心理问题的疏导者是第二角色，学生生活与学习上的指导者是第三角色，学生教育管理的指导者是第四角色。辅导员对学生的熟悉与了解程度要比其他教师高出很多，所以在为即将毕业的学生进行就业指导与职业引导时更加得心应手，事半功倍，因此，让高校辅导员来担任此项工作更为恰当。职业规划这一重要工作并不是在学生即将毕业时才做的，辅导员根据每个学生所处于的不同阶段，引领学生在自我定位和职业生涯规划领域有所参与，这是在与现如今就业形式结合之下的产物，比面试技巧培训和心理辅导具有更深的层次。

此外，高校辅导员也同样扮演着学生的良师益友与榜样的角色，在学生中具备良好的形象有利于工作的开展。在大学期间，学生除了需要老师之外，还需要朋友，这样才能够有更多的交流，通过交流能够让学生的生活更加积极阳光。辅导员在做好教师工作的同时，还需要成为学生的知心朋友，保证学生有健康的学习心态并健康成长。

辅导员作用能否得到良好的发挥，辅导员与学生能否保持良好的亦师亦友的关系，这都取决于如何使工作方法上的创新与优良的传统有机结合，亦师亦友的良好状态可以使教育教学取得良好的效果。

虽然社会价值取向多元化和信息多元化，但是每个人也还是会有自己的榜样，特别是在大学期间，学生往往会从身边的老师或同学当中寻找榜样，一个勤奋做好学生工作、具备丰富学识、拥有人格魅力的辅导员，是可以成为学生的榜样的。一个想要成为学生榜样的辅导员，不但要引导学生做好自我的职业规划，还要团结学生并为学生提供温情的服务。为了在政治教育方面能够给学生带来正确的观点与方向，辅导员需要具有较高的政治鉴别力、政治洞察力、政治敏锐性、较强的法治观念、坚定的政治品格，并且认真贯彻党的方针。与此同时，身为辅导员，还需要为人师表、以身作则、廉洁、公正、谦虚、诚实、品行端正。

除此之外，为了通过多方面的交流，引领学生们树立一种正确的世界观与人生观和价值观，作为一名辅导员需要对现代知识能做到全方位的掌握，融入当代社会与学生之中。也就是说辅导员要成为现代教育的行家、心理调节的医生、教育改革的倡导者、终身学习的示范者。辅导员必须要时刻严格要求自己，积极成为学生的榜样力量，为学生做好表率作用，让学生积极按照辅导员的要求，以及良好行为进行学习与生活，成为对社会有用的人才。

由上所述，从事辅导员工作的人员应该经过相关方面的培训与教育培养，从而掌握对学生进行思政教育工作的方法手段，掌握学生管理事务的专业技能与理论知识，令辅导员这一职业成为一个可以长久从事的职业，这将有利于辅导员队伍管理体系与机制的建立。总的来说辅导员工作的职业化存在以下几方面要求：一是为了让广大从业人员认识到该职业的发展前景，提升工作积极性，高校人事部门需要设计一个辅导员考核、任职、晋升的制度改革体系，通过明文规定来确定与鼓励该职业是长期稳定发展并可从事终生的职业；二是辅导员从业人员只有在经历一系列的严格的培训和专业学习后，达到从业标准才可以正式上岗；三是加强辅导员从业人员的职业生涯规划的指导，使其发展渠道得到拓展与畅通，使其发展空间得到提升。从一定的专业方向出发，对辅导员从业人员进行培养，同时还要促进与确保工作职责的有效履行；四是对辅导员从业人员的培训与再教育要进行规范化管理，高校要依据当代大学生思政教育的需求，以及高校发展的需要，采取优胜劣汰的原则，通过定期的考核方式，对不合格的辅导员进行淘汰。

（二）加强辅导员文化建设的路径

第一，成立辅导员研究协会。精神文化具有内生性的特点，换言之，辅导员的职业文化职能依靠辅导员全体成员共同创造产生，而不能靠移植、复制而得。辅导员共同体创造文化需要依托于特定的辅导员组织，而不是散落的、单个的辅导员个体。放眼全国，关乎辅导员的协会或者组织发展不够充分，需要认识到高校辅导员协会等组织的建立对于增强辅导员群体内聚力，繁荣辅导员职业文化是至关重要的。因此，要鼓励成立高校或者省市级的辅导员组织，辅导员群体规模较小的高校或者省市可以联合周边成立地区性的辅导员组织。更重要的是，辅导员协会等组织成立之后要切实发挥作用，凝聚地区内的辅导员个体，否则，一切都将是摆设。

第二，创办有影响力的刊物。辅导员职业文化的发展与传播还需一定的载体。期刊是承载辅导员职业文化的一种重要形式，在传播和发展辅导员职业文化，提高辅导员社会影响力过程中扮演着重要的角色。对此，应当大力扶持辅导员核心期刊的发展，逐步提升其在学术界的影响力，进而扩大辅导员在整个社会的影响力，为繁荣辅导员职业文化提供有力的载体。

第三，搭建合作交流的平台。辅导员职业文化的发展要在依托辅导员研究协会，以及颇具影响力期刊基础之上，努力搭建辅导员的合作交流平台。一方面，可以通过建立线上和线下的平台，拓宽辅导员相互交流学习的渠道。线上可以建立和运营辅导员专门的网站和数据库，共享丰富的资源，达到共同进步的目的。线上平台取得成功的关键在于运营和管理，要保证线上平台信息：一是"广"即信息尽可能地全面；二是"精"，即信息的针对性和高质量；三是"快"，即信息的及时有效性。另一方面，线下要积极筹备高校范围内的，地区范围内的辅导员职业技能大赛、辅导员论坛、"优秀辅导员"评选等活动，促进辅导员相互合作、交流的同时，激励辅导员快速成长。

第四，构建辅导员职业化新体系。科学合理的制度体系是实现高校辅导员队伍职业化建设的重要前提。比如，选聘制度就是为了保障选择合适的人才进入高校，选择符合高校辅导员标准的人才进入辅导员队伍，成为其中一员。管理制度就是规范高校辅导员的日常行为，避免出现不合理的行为与现象。考核制度就是评价高校辅导员的相关工作，激励他们工作的热情与主动性，出现不合理的地方就应该及时指出，有效规避。培训制度就是优化他们的自身能力，促进辅导员队伍向着职业化的方向发展。职业发展制度就是明确辅导员的晋升与退出机制，保障辅导员队伍的持久性与稳定。

综上所述，无论是成立辅导员研究协会、创办有影响力的期刊，还是搭建合作交流的平台，主要的深层目的是繁荣辅导员职业文化，凸显专属于辅导员的文化特质，进而增强辅导员的归属感和认同感，形成辅导员群体的强大内驱力。

二、拓宽辅导员选拔渠道

高校辅导员的选聘工作作为开启辅导员工作生涯的重要一步，选择合适的人才成为高校辅导员队伍中的一分子就显得尤为重要。辅导员的主要工作是对大学生进行思政教育，需要一定的学历、实践能力、相关经验等。这样挑选出来的人才会更好地完成高校的辅导员工作。所以建立严格的选聘制度是非常有必要的，遵循相关的原则，按照规定标准进行招聘。还可以鼓励高校专业课程的任课教师来从事兼职辅导员工作，专业课程的任课教师与学生接触的时间较长，不仅具备丰富的教学经验，还具备一定的学生基础，可以利用课上与课下的时间完成对学生的教育。选聘辅导员一定要注重规范与科学，尽量兼顾年龄结构、知识体系、实践经验、性别比例、数量结构的合理性，最大限度地优化高校辅导员的队伍，提升辅导员队伍的职业化水平。

（一）深入挖掘本校内的优秀人才

校内优秀人才相较于从外校聘请的人员，他们已经在学校待了三年乃至更长的时间，对学校的基本情况、学生，以及专业等都有深刻了解，因此，深入挖掘并鼓励此类优秀的博士生、硕士生，以及本科生参与辅导员的选拔，能有助他们更快、更好地适应辅导员的工作，提升辅导员的工作效果。

（二）注重引进校外优秀人才

高校辅导员人才引进更多来源于其他高校优秀的应届毕业生，在引进辅导员时应该特别注意从师范类大学中引进具有思想政治专业、教育学专业、管理学专业背景的学生。具备这些专业背景的优秀学生，他们自身具备良好的马克思主义理论素养，拥有较强的人际沟通协调能力，懂教育理论，能够深入分析学生的思想及心理动态，相较于其他专业学生更加适合辅导员这支队伍的工作需求。

此外，还要注意引进与吸收海外留学归国的优秀人才。在辅导员的选拔渠道方面，我们除了将视角放在本校及外校的优秀毕业生中，我们也可以适当地将辅导员选拔放在这部分优秀人才上面。结合时代的发展，越来越多的人出国深造并回归祖国、报效祖国，他们拥有较高的专业水平，生活经验及丰富的阅历，具备稳定的价值观，可以为学生的世界观、人生观、价值观等多方面给予帮助与指导，也更容易获得学生的信任与尊重。

（三）创新辅导员选拔方式

创新辅导员选拔方式，需要将笔试、面试和考查相结合，针对辅导员选拔中的不足，有针对性地进行提高，确保选拔效率与质量的双提升。从三个环节来看，应该进一步弱化笔试环节及其所占的比重，强化面试环节及其所占的比重，积极利用先进的人力资源管理理论和国内外人才选拔的经验及技术，全面综合性地考查面试人员的综合素质是否适合辅导员工作岗位与要求。与此同时，在探索该校辅导员选拔方法时，对于一些非常优秀的人员可以减去笔试环节，直接进入面试和考查，担任相关职务。并且，还实行人才储备计划和优秀人才库计划，将适合辅导员工作岗位、优秀学生管理储备干部等人才纳入相应的人才库中，对其进行有针对性的培养，在高校相应学生管理及辅导员岗位出现空缺时，便能成为其最有效的补充，在减少人力资源招聘成本的同时，提高选拔质量与效率。

（四）建立辅导员选拔的反馈机制

高校在开展辅导员人才选拔时是作为需求方，在完成招聘后应该及时地总结经验和不足，找出问题的解决方案。招聘方学校就应该及时加强与供给方学校之间的沟通与交流，将自己的需求有效地传递给供给方，才能确保高校在培养人才的时候按照用人单位的需求展开，培养出适合岗位要求的优秀人才，彼此达到双赢的局面。

（五）成立专门职务聘任委员会

辅导员职务聘任委员会的主要任务就是，具体负责结合高校实际，制订辅导员评聘教师职务的具体条件，负责本校专职辅导员、专业技术职务的聘任工作。在评聘过程中要注意两点：其一，突出学生工作的重要性，尤其是对于新入职的辅导员应该侧重于工作考查；其二，坚持把教学表现、科研能力和学生工作业绩相结合的原则，协调好三个因素在考核评定中的比例，统筹兼顾到不同年龄、各有特长的辅导员。客观来说，高校辅导员的科研能力和精力是无法与专业教师相竞争的，所以相对难以达到职称评定的指标要求，这无形中缩窄了高校辅导员的晋升通道。成立高校专门职务聘任委员会的目的就是将辅导员与专业教师的职称聘任区分开来，以保障高校辅导员晋升渠道的畅通，从而保障辅导员的物质利益。

三、完善辅导员管理机制

（一）完善培训制度

当今时代，信息更新速度非常快，也需要高校辅导员不断充实自己。很多高校辅导员对职业的归属感较低，就需要高校为辅导员提供明确的要求，并为他们提供切实可行的培训，让每一个辅导员都可以获得充分的认识，不断提高自己。高校辅导员与学生的联系极为频繁，需要不断充实自己，不断接受教育，这样才可以更好地为学生解决问题。

　　高校辅导员的主要工作就是做好学生的思政教育工作。不仅要具备充分的专业知识，还需要与学生更好地融合在一起，这样工作才可以更好地开展，使工作实践与理论知识更好地融合在一起，这样的工作才有意义。所以，完善高校辅导员的相关培训体系，不断提升他们的专业素养与实践能力，可以更好地开展学生工作。还可以通过建立高校辅导员培训基地，形成辅导员培训的长效机制。

　　针对高校辅导员，开展有针对性、实践性、系统性的辅导员培训是十分必要且有重大意义的，是增强教育效果行之有效的方式。高校思政教育的多种培训包含讲座、报告、工作坊、沙龙、训练营等形式。有效的培训可以帮助刚加入工作队伍的新人迅速成长，也可以帮助一些有工作经验的工作者调整工作思路、丰富工作手段。在开展多方面培训的时候需要遵循三个原则。

　　第一，针对性原则。一些高校确实组织了许多培训，但是效果不佳，许多辅导员老师、思想政治理论课老师将其视为工作任务来应付，不但没有帮助其成长，反而浪费了大量人力、物力、财力。针对性原则就要求组织部门在组织培训时应该结合工作实际、考虑时代热点，针对当前高校辅导员最薄弱的环节、最缺乏的技能去组织培训，针对当下最热的思政教育内容去组织培训，针对大学生群体最突出的问题去组织培训，这样才能将培训落到实处，切实地帮助高校辅导员成长。

　　第二，实践性原则。实践是检验真理的唯一标准，人的思维是否具有客观的真理性，这是一个实践问题，而不是理论问题。培训也是如此，思政教育是一个操作性和实践性很强的工作，聆听别人的讲座报告难免有些"纸上谈兵"，因此，要多一些训练营之类的，能够让受培训者参与其中的方式，少一些大会报告的形式，这样高校辅导员才能更好地在实践中去反思自己过去的工作，寻找更好的方法。

　　第三，系统性原则。任何一项工作都是系统工程，因此应该循序渐进地、由此及彼地培养高校辅导员的能力。培训如果多而杂，不仅没有效果，反而会加重高校辅导员的工作，因为这是他们必须要完成的上级下发的任务。因此，在有针对性地选择培训之后，还要注重培训整体的系统性，要让多种培训由点串成线，达到更好的效果。

　　此外，面对高校辅导员专业背景多元化的现实，为充分发挥辅导员自身的学科优势及个人特长，在辅导员培训中除了要坚持针对性、实践性、系统性原则，还可以创新培训形式，进行辅导员定向培训。辅导员培训中的定向式培训是指根据每个人的学科背景或者技术特长的不同，先选择辅导员职能体系中的某一项或者某几项进行深入培训，以取得在该领域的专家地位。也就是说，先将辅导员按照"一字形"人才培养，而后在此基础上，逐步拓宽其专长领域，转变为"十字形"人才。

例如，一位高校辅导员是心理学学科出身，自身对心理学也有一定的兴趣和专长，那么就可以先让其进行心理健康教育与咨询模块的深入培训，帮助其迅速在心理健康教育与咨询领域成长为专家。一般的培训可能安排比较紧凑，种类较多，要在短时间内接受职业生涯规划、心理健康教育、大学生党建工作等多方面的培训，受训者的接受效果难以保证。由此，辅导员定向式培训既是当前辅导员学科背景多元化的合理选择，还可以在较短时间内帮助辅导员成为某个领域内的专家，促进辅导员之间的相互交流和相互学习。

（二）开展职业规划

要想培养辅导员队伍建设得职业化，就需要严格按照职业化的标准来执行，制订完整的高校辅导员的职业规划，应该从以下几个方面着手。

第一，培养专门人才。要想实现辅导员队伍的职业化，就需要有专门的人才。高校应着手开设辅导员培训的相关课程，培养具有专业知识与能力的辅导员。由于我国没有专门的辅导员课程，因此，可以参照国外的课程设置，并与我国的实际情况相联系。我国高校会定期开展思政教育类的课程，可以将这类课程与思政教育相结合，开展思政教育、心理教育等。可以通过这些课程的设置实现辅导员的专业化建设。在没有培养出专门人才之前，高校可以选择具有一定实践经验或者接受过类似教育的人来担任高校的辅导员，再结合高校的实际情况，进一步确定高校辅导员的数量与结构。

第二，设立辅导员专业职称。高校辅导员的薪资待遇水平与专门的任课教师之间存在很大差异。就目前的发展情况来看，应该将辅导员职务评定作为一个专门的标准，纳入学校教师职务评定的体制之中。学生工作部门可以根据辅导员的工作性质，将思政教育职务单独罗列出来，形成指标，设置相应的职称与职务。这样一来，高校的辅导员就有了发展的空间与晋升的平台，可以进一步激发辅导员的工作热情，提升高校辅导员工作的职业化与规范化。

第三，设立专门的辅导员工作机构。高校辅导员的工作职责不应该是包揽所有的工作，而应该是有明确的职责划分，更不应让高校辅导员受到多层的管理，建立专门的辅导员工作机构，使其工作具有一定的安全感，更有利于工作的顺利进行。

第四，建立一整套的制度规范。不管是在选聘、培训、考核、晋升、激励，还是在保障制度方面，都应该有一定的制度规范，这样有利于对高校辅导员进行统一管理，规范人才流动的体系。

（三）健全管理和保障制度

众所周知，辅导员工资的构成包括基本工资和岗位津贴等。大部分辅导员都希望自己的福利待遇能够得到提升，完善相关的激励机制，增强他们的职业认同感与归属感。高校不仅要保障他们培训与进修的权利，而且还要保障他们在晋升方面的机会公平，不断增强他们的职业认同感。

高校应该充分认可辅导员的相关工作，适当增加他们的岗位津贴，在生活中给予适当的关心。有利于激发高校辅导员工作的积极性与主动性，使他们在工作中得到满足，增强归属感，产生想要长期从事这项工作的兴趣，不断增强自身的实力，不断推进辅导员职业化的进程。

辅导员的物质利益是不可回避的话题，这也是促使辅导员现代转型的物质基础。可以从两个方面保障辅导员的物质利益：一是直接提高辅导员薪资待遇；二是疏通辅导员的晋升渠道。

1. 提高辅导员的物质待遇

提高辅导员的物质待遇可以从几个方面入手：其一，在工资待遇上，要以教师的身份，按照他们被聘的专业技术职务确定他们的工资标准，是辅导员的工资与本校其他教师的同一专业技术职务的工资相同。其二，实行"以薪代职"。行政岗位有限，行政职级上不去，但是薪水酬劳可以上涨。对于优秀的高校辅导员，由于某些原因行政职级可以暂时不予评定，但是要匹配相应的薪资酬劳。其三，对于高校辅导员承担的相关课程的教学工作，予以课时补贴。

2. 建立合理的流动和退出机制

高校辅导员的"双线晋升"是比较合理的、也是我国将会长期坚持的机制。双线晋升机制提高了高校辅导员的工作热情，留住富有经验的辅导员，从而有利于形成高校辅导员合理的"老中青"队伍结构，同时，也有利于高校辅导员由单纯管理者向教学、服务、研究"三位一体"复合角色转换。

但是，这一机制在实际运行过程中效果并不显著，高校辅导员晋升缓慢，整体专家化水平较低，这主要是晋升渠道狭窄所导致的。由于行政管理岗位是有限的，且行政职位的设置都是"金字塔"形的，级别越高难度越大。建立合理的流动和退出机制有利于破除这一困境。对于优秀的高校辅导员要予以表彰并大胆提拔使用，对于不符合要求的、表现不好的人员要及时调整或者清退，鼓励良性竞争，保持队伍的活力。此外，对于违反有关规定和条例的辅导员可以取消或者推迟其申请晋升资格，例如，黑龙江大学规定，受记过以上处分者，延迟 2 年以上申报。受处分期间，不能申报。

辅导员的工作性质决定了辅导员工作的特点，能不能得到一定的认可，会直接影响高校辅导员工作的热情，高校需要对此加强注意，制订科学合理的考核制度，保障辅导员的相关权益。为了确保高校辅导员的相关权益，根据高校辅导员的工作特点、工作范围、工作性质，制订相对科学合理的考核制度，建立健全相关的考核指标。制订之后，严格落实。也就是说建立在辅导员全面工作的领导评价体系、同事评价体系、学生评价体系、自我评价体系之上的综合考核机制。

（四）坚持养用结合

辅导员队伍是高校教育的主体之一，其整体素质将直接关系到高校工作的成效，辅导员走职业化发展道路，全面提升他们的工作能力与水平，以不断适应当前高校教育发展的要求，加强辅导员队伍之间的"传帮带"培养之路是其必然之路。高校辅导员队伍培养虽然具有一定的体系，但是伴随着辅导员队伍本身之间的变化及实际情况的发展，需要对其进行科学规划、采用动态培养方式，不断完善大学生教育和辅导员培养队伍的创新机制。

其中最重要的就是坚持"养"与"用"相结合的原则。高校辅导员队伍是教师队伍、学生管理队伍的重要组成部分，是高校在开展思政教育工作的骨干力量。高校辅导员队伍走专业化、职业化发展道路是应对高校教育新形势的要求；是社会和国家的需要；是高校工作目标达成的需要，同时也是辅导员自身职业发展的需要。在培养辅导员综合素质，使辅导员走上专业化发展道路之时，我们必须要树立起系统培训和针对性培训相结合，长期性培训和阶段性培训，养与用相结合的理念，把以马克思主义为核心的主流教育融入高校辅导员培养的整体工作规划当中，统筹协调好培养资源与培养节奏，既保证遵循人才培养的客观规律，同时也有针对性地加强社会培养载体及内容，使培训避免流于形式，促使其取得实际效果与此同时，还应注意辅导员的工作性质，既要开展阶段性的集中培训，同时也要有针对性地开展长期性培训，使长期性培训与阶段性培训相结合，使辅导员综合素质通过量的积累最终形成质的飞跃。最后，在利用辅导员培训促使其走专业化道路的过程中，还要秉持辅导员"养"与"用"相结合的理念，坚持在培养中使用、在使用中培养的基本理念，构建高校辅导员队伍的培养制度，才能切实保证高校辅导员队伍培养环境的全面优化，进而推进辅导员队伍的专业化、职业化发展之路。

（五）提升辅导员的思想内涵

一是引导辅导员"三想"。引导辅导员要为实现中华民族的伟大复兴而奋斗着想，引导辅导员为发展地方经济着想，引导辅导员为实现自己的人生价值、职业幸福和事业发展着想。

二是引导辅导员"三做"。要成才先成人，要引导辅导员自觉肩负起历史的使命，争做一个有崇高理想和高尚品格，能诚实守信、遵纪守法的人；要引导辅导员做一个有决心、有恒心、有信心的人；要引导辅导员做一个学识广博、视野开阔、勇于创新、敢于拼搏的人。

三是引导辅导员处理多方面的困难。一般来说，辅导员在职场中所遇到的困难，大多数可以归纳总结为以下几类：工作方面的困难、经济方面的困难、人际交往方面的困难及个人能力方面的困难。古人云"天将降大任于斯人也，必先苦其心志，劳其筋骨"，纵观中国历史，有很多有成就的人，都是在苦难中逐渐成长起来的。我们虽然不希望我们的辅导员在工作及生活中遭遇困难，但是如果遇到了困难，也不要畏惧，而应该学会怎么去解决这些困难，更不能在困难面前低头。当辅导员遇到困难时，应该用一种积极的心态来看待，把它视为是自己的一种财富，在克服困难的过程中，不断提升自己、完善自己，实现自己的人生价值。

（六）构建辅导员经验分享及交流渠道

1. 搭建工作交流平台

高校可以利用自己的优势，创办融合学生管理、思想政治工作、就业工作、心理健康工作、安全工作等于一体的读本内部刊物，从事相关工作的教师及管理人员可以在此内部刊物中发表交流自己的工作经验的文章，一方面提升了教师的归纳写作水平，另一方面也加速了有益经验的传递，为其他教师与学生管理者提供工作参考。与此同时，有条件的学校还可以每年举行辅导员工作论坛，通过专题报告或论文的形式拓展理论实务的学习途径，也可以通过论文评优促进工作研究及经验成果的转换，或通过交流推进学生工作的创新发展。另外，学院还可以开发组建网络办公系统，加强辅导员之间工作交流的及时性，全面提升工作效率。

2. 促使优秀辅导员进行专业思政教育

根据高校的具体实际情况，通过高校党委决定可以将优秀的辅导员纳入思想政治理论课教师队伍之中，促使优秀辅导员进行专业思政教育，参与部分思想政治理论课程的教学与研究工作。学校还可以根据辅导员的学历情况、理论研究功底、工作绩效，择优推荐辅导员进行相应的思政课的课程讲授与小班讨论指导，形成大学生思政教育课下与课上的有机结合，既充实了思政课教师队伍，又培养、锻炼、提高了辅导员的综合素养。

现代社会不断发展，社会中出现了很多不确定因素。高校辅导员主要负责学生的思政教育，与学生的接触也最为频繁，因此会遇到很多不确定因素。为有效应对这些不确定因素，高校辅导员应在实践中不断锻炼自己，分析影响学生行为和思想的各种因素，以便在面对复杂问题时能够快速判断成因，及时找出应对策略。

第六章　多媒体技术在高校学生思政教育上的应用

第一节　元认知策略在思政教育上的应用

一、元认知

（一）元认知概念

我们用最简单的方法定义元认知：元认知是反思思想（思想之思想）。作为一种独一无二的思维主要手段，元认知对学生的学习成果有积极影响。学生利用元认知获取知识和技能、加深对学习的理解，最终达到教学目标。当学生使用元认知时，他们开始意识到自己的思维过程，计划并开始监督自己的学习，评估自己进步和努力后的成果。这些行为促使自我意识和自我调节的增长。随后，在不断实践元认知的过程中学生逐渐培养自主学习和终身学习的能力。

字典中关于认知的定义有：①从广义上看，是一种认识的行为或过程。②一种智力过程，通过这个智力过程获得认知知识或想法。

因此，当学生使用元认知时，学生思考的目的是为了形成在获取知识的过程中产生理解和认识理解元认知这种循环思维，是把它当作一种包罗万象的构想，它包含了学生使用的众多习惯和行为。

此外，元认知可被用于获取任何学科的知识和技能。因为，学生发展自我意识和自我控制思维过程的本身是超越学习领域的一种思想，它并不局限于任何一个学术领域。

（二）元认知技能

元认知是一个自我监测和自我控制的思维过程。因此，它需要自我意识的提升和元认知思维技能的发展。我们可以将元认知技能归纳为：①规划学习任务。②监控学习任务中的思维过程。③评估已完成的学习任务成果。

总之，我们将元认知技能视为特定活动，要求学生在整个学习任务中按顺序展示自己的思想。不仅如此，研究者们认同，学生应该在学习任务的初始阶段进行规划和目标设定，并在后续一系列学习活动中进行自我监控。当学生进行元认知活动时，他们开发出辨别他们知道什么和不知道什么的能力。这项很重要的技能被称为"知识监控"，研究者们发现，学生的知识监控能力和学术能力之间存在正相关关系。监测学习能力较强的学员，展现了更高水平的学术成就。

（三）可教的技能

"学习的过程是学会思考的过程"，这一点应是当前思政教师应当把握的重中之重。元认知的这些技能和组成部分恰恰就是优秀普通高校学生在任何教育环境中所具有的常用思维习惯。教育工作者确认优秀的普通高校学生经常会有这些行为。同时，教育工作者也认识到，不是所有普通高校学生都能自然而然地使用元认知技能。元认知技能是可以被教授的。教育工作者设计了许多有效的教学策略和课堂活动促进学生的元认知学习。

二、元认知策略

（一）元认知策略概念

元认知策略是以元认知理论为主要依据应对问题的一种方法。是学习者凭借规划、跟踪与衡量的方式对自己认知的调整完善，涉及事前规划、注意的选择、监督和衡量自己等策略；是有效规划、监督和调节学习活动的参照物，其关键作用是提高学习效果。思政元认知策略指学生按元认知知识，用元认知策略干预思政课程构建的学习活动。在思政课程学习目标下，选择合理学习方法，设计学习环节和规划系统学习活动的心脑操作活动。其主反应在内部心理活动及自主学习与目标导向上。因此，思政元认知策略既是学生学习思政课程效果的衡量尺度，又是培养学生学习兴趣和能力的科学因素。

（二）元认知策略的内涵

元认知策略是学习策略其中之一，元认知概念的界定须以学习策略概念的澄清为基础，学习策略内涵与外延的界定也有助于元认知策略的理解、把握和实践运用。学习策略是学习者以特定学习目标为出发点，在学习过程中根据不同的学习情境进行有效学习的方法、技巧、规则及其整个学习活动的心理调节和控制的过程。因而，学习策略是基于一定的学习目的和目标的达成与实现，既包括学习者外在使用的学习方法、规则，也包含学习者内在的自我调节和控制的动态生成过程。

元认知策略作为一种学习策略，在课程与教学领域内引起广泛关注和深入研究，对课程与教学的改进与完善提供新视角，具有重大价值。

三、思政课元认知策略

结合思政课的根本性质和特点，将元认知策略从教育心理学领域融合至政治课程与教学领域，思政课元认知策略应定义为在思政课学习过程中，学习者具有的关于自己思维活动和学习活动的知识及其实施的控制。准确把握和理解思政课元认知策略须注意以下几点：

第一，思政课元认知策略既包含静态的知识体系，也包含动态的体验、调节、监控过程。学习者在学习思政这一学科时的元认知表现在对自己主动参与这一学习活动的个人主观因素、政治学科各模块内容知识体系以及其他客观影响因素的认识，更为显著而强烈地表现在学习者对自身在学习政治课程知识、培养相关能力、树立正确情感态度价值观的动态体验和调控上。

第二，思政课元认知策略是以政治学科内容为对象，具有鲜明的政治学科特色。课程化的思政是以中国特色社会主义经济、政治、文化、社会及生态文明建设的支撑性学科知识为基本内容，以对学生公民思政和道德法律素质教育为根本目标，以马克思主义基本观点教育和学生现代社会生活认识与参与能力的培养为核心价值。这一独特的社会主义公民素质教育课程是思政课元认知策略内容的支撑和运用的支柱。

第三，思政课元认知是以生动的政治课堂为载体的。这就要求元认知策略的运用贯穿于学习者学习目标的设定、课前预习准备、课中具体实施、课后复习巩固以及评价反馈的各个阶段和环节，思政课元认知策略的运用具有过程性、阶段性和连续性。

四、思政课程元认知策略的特点

元认知策略运用于思政课程汲取学科内容的特殊性和学生在学习思政课程时独特的认知规律和特点，与一般意义的元认知策略和其他课程元认知策略相比，其特点和不同之处表现在以下几方面。

（一）思想性

思政课元认知策略运用的特点突出表现为思想性。思政课元认知是为价值认知、价值判断服务，具有鲜明的德智共生性，这是由思政的课程特征决定的。新的历史条件和形势对思政课程的实施提出了更高的要求，须积极推进思政课程由外生型向内生型的转变和建构。新课改后，要求学生在思政课程中进行元认知的最为基本和核心的内容应是马克思主义基本观点和方法，并且与时俱进地充实和调整学习内容，将课程与学生的生活世界相结合，为学生在生活中端正思想态度、树立正确的信仰、做出科学的价值判断和选择服务。同时，对思政课程思想性的强调不能将政治课和德育课画等号，在思政课中的元认知不仅要关注思想道德的指引，还应侧重人文社会科学常识内容。

（二）培养性

思政课元认知策略的运用力图引导学生通过反思来进行价值澄清。这一特点从培养锻炼学生能力的角度出发，体现了政治课元认知的过程是为学生指引正确的价值取向，继而通过实践运用和反思、调整，达成价值学习和社会学习的统一，是一个价值引导—价值判断—价值选择—价值反思—价值澄清的过程。

五、元认知策略在思政教育中的应用策略

（一）教学情境符合元认知策略

情境教学方法的运用已然相当普遍和成熟，众多政治教师积极实践情境教学，创设具体形象的体验学习情境，营造生动活泼的课堂气氛，力图避免单一、僵化、死板的课堂，赋予课堂以生命和活力。但此类情境教学方法的运用在引发学生元认知方面效果不好，质量不高。这类教学情境之所以引发学生元认知效果低下，关键在于忽视和缺失元认知的本质和要素，因而对原有教学情境和元认知环境加以改造和调整，将已有各类教学情境作为宝贵的课程资源，在元认知策略理论的指导下，科学开发利用，是改善思政课运用元认知策略的首要措施。

（二）思政课堂学习场地营造

"学习场"是指所有事件交织在一起的、具有内在统整性的整体。将学习场这一概念引入思政课堂教学中，则包含了参与教学的人：主体—学生、主导—教师；教学流程涉及的所有事件、信息、要素及其相互关系：教学目标、教学方法、教学情境、课程资源等。在学习场中，任何人与事件都不是孤立的，教师与学生互动配合，教学事件、要素之间相互联系，师生与教学事件、要素互相制约、动态生成。科学有效地营造思政学习场，有助

于帮助学生在教师的指导和参与下，创造全新的元认知环境，吸纳客观环境中的有益因子，主动地建构与调整学习活动的系统与脉络，生成新知，不断发展。营造思政课堂学习场，有以下值得关注的特性。

第一，思政课堂中的学习场地以思想性为根本指导，这是区别于其他学科的根本点。思政课从单一的政治教育走向现代公民教育，其根本特性思想性和政治性是建构学习场、创造全新的元认知环境的根本指导和内在特性。思政课中的学习场必然是在思想性和政治性的指导下形成的，便于学生对马克思主义基本立场、观点和方法进行元认知，产生相应道德、政治情感体验，形成良好的道德法律素质和思政素质和情感态度价值观。

第二，思政课堂中的学习场须以必修和选修各模块为内容，与社会主义市场经济生活、民主政治生活、先进文化生活相结合。新课程理念倡导课程向学生的日常实际生活回归，将科学世界与生活世界有机统一。简言之，若该学习场是纯粹的科学知识体系构成，以知识的灌输为唯一目的，只会导致创设出的元认知环境单一而残缺，将原有生动活泼的学习环境异化为传递知识的冰冷机器，是遏制学生思维活力的牢笼，给学生的"学习之舞"带上镣铐，歪曲了新课程理念的本意。

第三，思政课中的学习场的规模可大可小，可以是课程的宏观把握，也可以是微观的情境细节，这根据教师对于不同教学内容、学时长短而决定。但必须强调的是应注重不同学习场之间的内在逻辑性，较为宏观的学习场由若干微观的学习场组成，须保持二者间整体与部分的联系；同时，各微观学习场之间并不是孤立、零散的，注重微观学习场之间的内在顺序性、逻辑统一性是确保学生元认知环境系统性、完整性的诉求。

第四，思政课中的学习场应坚持学生的主体与教师的指导兼容并包。教师与学生任何一方都是不可或缺的要素，在营造学习场过程中，如果忽视、贬低学生的主体地位，则不利于培养学生元认知的自主意识和主观能动性，违背了元认知策略运用的主旨；如果缺乏教师的指导和辅助，则会导致整个过程缺乏方向导航和各方面的监控，过度强调"学生中心论"必然导致无效的元认知环境。

（三）学生自主思考的引导

学生在思政课学习的元认知过程中，为促成元认知活动的顺利跟进，学生明确自身的主体地位，把自己定位为运用元认知策略的主人，树立自主意识是关键第一步。学生在学习思政课程时，应主动地意识到主观自身的存在，清楚明确地知晓自己在思考认知，并且能加以反思和监控，反问自己的学习思维活动的目的、原因、计划、可能产生的后果，这种对于元认知的主体定位的清晰意识有助于学生积极自主地进行元认知活动，相对于消极被动的心理意识事半功倍。

在思政课运用元认知策略过程中，教师发挥着主导作用，学生由于心理发展规律和思维水平的制约，需要教师作为学生元认知的外在因素的指引和启发。教师在教学过程中应尊重学生的主体地位，有意识地培养和强化学生的自我意识，帮助学生制订计划，激励学生在学习活动中积极自主地运用元认知策略。

（四）学生的自主能动性的培养和提高

元认知监控是学生在思政课学习过程中运用元认知策略的核心。政治教师在课堂上指引学生进入到学习主体的角色中，自主控制整个元认知过程是关键的第二步。在传统的政治课中，教师是绝对的权威，课堂是教师的"独角戏"和"一言堂"，较多地表现为照本宣科、道德灌输等现象，教师剥夺了学生自主控制的权利，对课堂的各方面全盘操控。在教师强势的外部控制下，学生并不能有效地自我控制学习，也难以有效地激发学生的思维活动。新课程改革后，"以人为本"等理念还原了学生的主体地位，一定程度上克服了传统课程的缺陷，但不可否认的是，由于教学评价机制、教师专业素养、学生心理认知规律普遍性与特殊性等主客观因素的制约，学生在课程学习中的自主性还未得到全面地保证和实现，因而培养和提高学生自主控制的元认知能力相当重要。

（五）学生元认知监控的提高

学生在运用元认知策略时，由于学习任务难易程度不同、客观环境的破坏缺失、自身个人因素等主客观原因的影响，元认知的过程往往遭到中断，是不完整的。可能停留在元认知知识阶段，也可能停留在元认知体验阶段，元认知过程的未完成导致这一策略运用效果低下。学生在元认知时加强自我监控则能确保元认知过程的完整性和高效性，是"个体自我发展和自我实现的根本保证"，学生的自我监控和调节贯穿于整个树立目标、确立方向、制订计划、具体行动和选择使用行动策略的过程。加强学生的元认知监控，完善学习思维过程的全方位的调控，不仅能促进学生思政课学习思维、智力智能的进步，更能帮助他们形成积极的情感态度，树立正确的世界观、人生观、价值观，不断实现人格的提升，学会学习的同时学会做人。

（六）思政学科元认知特色的发掘

思政学科类属于人文社会科学学科，其学习有别于理工科类学习，思政课教学须受到该学科的学习规律和学生思想品德形成规律的双重制约，因而元认知策略在政治学科中的运用应以融汇学科特色为核心和根本。思政新课程秉持"立足公民三维素质奠基、谋求卓越发展"的基本理念，以学生思政知识、社会生活参与能力以及思想品德的形成作为出发点和归宿。就知识习得而言，思政学科以帮助学生学习马克思主义基本观点、经济常识、政治常识、哲学常识以及文化常识为目标。学生习得知识有一定的过程和环节，学生通过课堂了解和掌握政治学科的基本知识，形成一定的知识基础和储备，随后学生在课后长期继续学习、在更新知识以及在实际生活中运用知识并接受实践的检验，学生便通过对新知识的学习（间接）和实践（直接）两种基本途径对已有知识进行反思、审读和更新，纠正原有知识的错误和偏差，弥补不足和疏漏，形成更为全面科学系统化的知识结构，如此形成关于知识的元认知循环和上升的过程。

第二节　云课堂在思政教育上的应用

一、云课堂教学的内涵

云课堂教学平台是信息化教学的重要形式。研发者以云计算技术和 IPv6（Internet Protocol Version 6，互联网协议第 6 版）网络技术为研究基础开发出了云课堂教学平台。移动终端成为云课堂教学平台的载体，作用于教师教学与学生日常的学习生活中。云课堂教学具有强大的交互性，也就是说，学生对学习资源可以自由选择和任意阅览，教师通过这样的交互性强和资源强大的平台，可以充分展示备课和优化教学设计的优点。并且，云计算技术和 IPv6 网络技术让云教学平台打破了以往传统课堂需要受到时间和地点限制的壁垒，云教学平台的功能和服务都更加多样灵活，建立了一个不受时间和地点限制的空间课堂。传统课堂与线上的云课堂联系起来，形成了线上线下相结合的创新教学模式。云教学平台的技术开发让翻转课堂也开始广泛普及起来，翻转课堂让学生充分利用课余时间在"云课堂教学平台"上对教师安排的教学内容进行学习。如此一来，教师在课上的教学时间可以充分帮助学生深度理解知识，在课下时间教师也可以根据学生的个性和需求来为学生进行针对性辅导教学。有了信息技术的支持，云课堂教学变得更加丰富多变，也变得更加符合用户的需求，增加了用户与平台之间的黏性，也增加了教师与学生之间的交流和互动，有效促进了信息时代下教育的发展。

二、云课堂教学的特征

信息时代教育改革的第一步就是要改变当今教育系统的结构，也就是说，云课堂教学要改变传统教学系统中的几个要素的地位。

（一）教师角色多元化

教师是具有多元化角色的职业，教师被赋予了很多期望行为，从整体上来说，教师的多元角色包含了教师的实际角色和期待角色。随着信息技术的发展和教育的发展，信息时代下的云课堂教学逐步成为课堂教学不可分割的一部分，成为学生生活、学生个性化学习、教师备课、师生交流的一个必不可少的工具。云课堂教学个性化的学习方式得到了普遍好评，也让教师的角色定义发生了改变，主要表现在以下方面：

首先，人们开始注重加强教师学习指导者和促进者的角色身份。学生在利用云课堂教学平台的教学视频进行自学的过程中，可能会遇到很多的问题需要与教师沟通，这就要求教师要充分发挥学习指导者的角色，利用课下时间对学生进行耐心的指导，加快学生养成自主学习的习惯。云课堂教学具有很强的互动性，教师需要充分运用云课堂教学的这一特性开展合作与探究学习的实践活动，不断激发学生的学习热情，指引学生的学习与合作，促进学生进行个性化学习。

其次，更强调了教师作为线上学习心理辅导者的角色定位。云课堂教学不仅仅只对教师的线上学习角色进行约束，对学生进行心理建设也是教师需要做的工作之一。由此，教师通过云教学课堂多了另一种角色，就是线上学习心理辅导员。学生课程前的预习、课中的练习以及课后的个性化学习都需要教师引导。要想让学生融入这样的虚拟课堂中，就必须要从心理上让学生接受，心理建设变得尤为重要。比如，在云课堂教学中，有些学生对于线上互动的学习方式出现不适应的问题，或者一些学生过于依赖线上的学习方式和交流方式，开始出现社交恐惧心理。

最后，云课堂教学让教师也获得了另一种角色，那就是校外声音的倾听者。云课堂教学让教师不仅能够听到课外学生的反馈，也能听到一些来自校外学生的反馈或心声。所以，教师就获得了这样的新角色，就是校外声音的倾听者，在教师听到这些来自校外学生的反馈或问题时，教师需要及时对学生的心声进行回应，帮助学生有效解决问题是教师义不容辞的责任。这样的共享方式和交流方式，也为学术交流和教育发展提供了良好的土壤。

（二）学生个性化和终身化学习

随着社会的发展，教育者越来越认识到素质教育的重要性，也意识到了每个学生都有不同的认知方式，差异化教学才能让学生获得更好的发展，同时也能够增强他们的创新能力。所以一直以来，教育工作者都在为个性化学习而努力，云课堂教学的出现，则改变了以往教育工作者在这方面探寻上的艰难困境。云课堂教学真正从尊重学生个性化学习的角度出发，多元的服务模式和资源共享以及师生互动，都符合学生喜欢的个性化学习方式。比如，云课堂教学在知识呈现方式上灵活多变，充分适应了不同学生的信息加工习惯，丰富的视频资源增强了学生的学习动机，弹性化的学习步调更适合普通高校学生的学习。云课堂教学也有利于学生拓宽学习空间，帮助学生树立终身学习的观念。

（三）教学内容具有丰富性和开放性

云课堂教学通过信息技术让课堂教学变得有趣味性，也让学科知识呈现的方式更加能够满足不同学生的需求，增强了学习个性化的建设。同时，云课堂教学平台的开放性也更加有利于学生的个性化学习。无论本校学生还是其他学校的学生，都可以通过这样的教学平台进行自主学习，更加有力的推进了学科教育的发展。

（四）教学媒体辅助学生线上学习

第一，教学媒体可以辅助学生进行主体性学习。在线下课堂，教师也可以运用云课堂教学平台对学生的学习进行辅助指导，增强学生的参与性。这样就实现了教师无论在线上还是在线下都可以对学生的学习进行辅导。并且在线上辅助学生时，更加有助于学生自我教育意识的激发，提高自己的约束能力，促进个性化学习。

第二，教学媒体为学生提供了多样化的学习体验。学生在云课堂教学中，可以体会到不同于传统课堂中的感受；相较于传统课堂，云课堂广泛获得了学生的喜爱。流畅的界面和美观的设计，都让学生享受到了极佳的用户体验。并且在云平台，只要一搜索，各个学科的各种资料和文献都可以查得到。方便快捷的资源查阅，让学生更加喜欢上自主学习，也更容易让学生在云平台中与其他人进行学习交流和提出自己的观点，更加促进了个性化学习的发展。

第三，在云课堂教学中，教师可以充分利用云平台教学的交互性特征，多开展分组讨论和虚拟生活情境的实践学习，让学生感受到云平台的现实性，防止学生出现过分依赖线上平台课堂而忽视了线下课堂和实际生活的情况出现。同时，帮助学生正视云课堂教学的作用和意义，让学生正确运用这样的开放平台，避免学生出现一些心理问题，改进学生对云课堂教学的认识。

三、云课堂的作用

云课堂的出现打破了传统的教育方式，不受时空限制，上课方式更加多样化，课堂氛围更加轻松，让学生和教师都可以将书本内容和实际生活联系在一起深入互动，为思政的教育发展做出了很大的贡献。

（一）丰富了教学内容

在我国云课堂实行的现阶段中，云课堂的数字教材成了传统教学课堂中的宠儿。在教学课堂改革当中，如何依靠通过云课堂平台和传统课堂相结合，来形成适应学生"需求"，且在教学目的和教学内容限度范围内的教学方式是教师一直探索的问题。对纸质教材和数字教材的性质和优势，教师们展开了充分的论证。最终得出的结论是，纸质教材是数字教材发展的基础，数字教材则可以在发挥纸质教材作用的基础上促进纸质教材的内容得到更多学生的认可，也可以供学生根据自己的喜好进行个性化学习。数字教材在一定程度上也使学生的书包减轻了。

（二）提高了课堂教学的实效性

在用云课堂进行教学当中，教师可以在课后或者在课中给每位学生发送习题，让学生来作答。每位学生的完成结果都会在教师的客户端有所显现，这样来实时地对学生进行考查，也方便了教师针对学生的难点进行解答。这种方式具备超高的实时性，规避了之前在课堂中学生都反馈很好，但在真正实践操作上却有很大出入的问题，非常有利于教师及时调整教学策略，提高课堂教学效果。

（三）提高师生课堂内外的互动

要想让学生提高云课堂学习的有效性，教师首先必须要创新教学方式，让学生充分利用云课堂教学模式与教师进行沟通。教师在了解了学生的需求和心理后，结合教学内容来创新教学方法，让学生得到激励，开始主动努力进行云课堂的学习。从一定程度上来说，云课堂教学也为教师的教学创新提供了很多便利。翻转课堂教学模式就是很成功的一个创新教学模式，教师不妨多多尝试翻转课堂教学模式，并且在教学过程中不断总结经验，创新出更适合自己所教学生的翻转课堂教学模式。翻转课堂教学模式可以从课前、课中到课后实现师生之间的交互，极大地活跃了师生课堂内的互动和课下的交流。其次是云课堂辅导教师团队的建设和组建，云课堂的出现也增加了教师的工作量，所以教师要组建一个专业团队来协调工作，减少个人的工作压力，大家一起协同合作，共同完成好教学任务。团队既能够帮助学生高效、有效地解决问题，促进他们的云课堂学习能力提升，又能够让每位教师的压力都得到缓解，促进教师和学生的双重发展。

（四）激发了学生学习思政的兴趣

在传统课堂中，教师也都会了解到教学效果的好坏与学生的反馈是成正比的。如果在课堂上学生没有对教师的讲述有任何的反馈，那么这节课就是失败的。即使有一定的教学效果，但必定不是普遍对每个学生都产生了共鸣的。尤其当面对如今有着互联网思维的学生，他们更加崇尚自由，更加喜欢新鲜的事物，这样就不能再延续以往刻板的教学方式。云课堂可以充分调动起学生的热情，让学生对思政课开始感兴趣。兴趣是一切学习的开端。并且人本身对于图像的感官更加直接，这也就让云课堂更能吸引学生的注意力。丰富和形象生动的教育资源激发学生强烈的求知欲，从教学生学，到引导学生自主学习，一方面减轻了教师繁重的教学压力，另一方面也让学生更喜欢接受这样的授课方式，可以说是一举两得。

（五）提高了师生合作学习的能力

思政课堂也同其他教学专业课堂一样，始终都要以学生为主体。云课堂的出现也充分帮助教师抓住这一点。云课堂改变了传统的学习模式。传统的教学，教师讲、学生学，这样的教学模式学生处于被动学习。云课堂则是先让学生来进行自主学习，再让教师加以辅导，大大增强了学生提出问题、分析问题和有效解决问题的能力。而学生先进行学习不代表教师不需要做任何的管理工作。教师需要引导学生提前了解学习内容，组织学生对新的课程进行讨论。云课堂在减轻了教师对复杂知识点教授的难度外，也对教师是否能够多与学生交流，多将精力放在学生身上提出了考验。

（六）有效节约了课堂时间

云课堂教学模式的实施，使学生提前在线上完成了一部分知识内容的学习，教师可以在课上直接针对学生在课下遇到的重、难点进行讲解及分析指导，极大地节约了课堂时间、提高了课堂效率。教师利用节省下来的时间开展相应的大学生思想政治教学活动辅助学生的实践，提高学生对知识的掌握能力，有效增强学生学习的积极性与主动性，极大地提高了高校思政教育的水平及能力。

（七）培养大学生自主学习的能力

自主学习是新课程改革对培养大学生的主体精神、养成大学生的自学能力、实现大学生的可持续发展的重要要求。大学生首先要具备自主学习的能力，使用支课堂线上教学过程中，学生在没有教师当面监督的情况下完成观看教学视频、参与课堂讨论、进行课后练习等学习活动，对大学生学习的主动性、积极性提出了要求和挑战，如果大学生没有学习的主动性和积极性，就很难完成学习任务。如果能把线上教学的某些活动当作常规教学内容经常开展，久而久之，学生就会养成自主学习的习惯，形成自主学习的精神。

四、思政课堂教学引入云课堂的路径

（一）完善学生监督机制，关注学生学习心理

教师要想强化学生云课堂学习能力，首先就要建立起完善的学习评价制度，对学生自主的学习进行考核和监督，促进学生自主学习能力的形成。所以，教师要建立起一个严格而又人性化的监督管理机制。在保证学生进行学习的同时，也能够让学生感受到云课堂平台带来的欢乐，让学生开始真正喜欢加入云课堂平台的自主学习当中。在长期的自主学习当中，学生的自制力就会显著提高。在具体的建立方法上，可以采取为学生建立电子档案考核的方式，将学生的实时学习动态和数据都做详细统计，对学生进行考核，督促学生自律学习。

除建立完善的监督制度外，对学生进行心理教育也非常重要。可针对学生的心理问题进行在线辅导，帮助学生从心理上对云课堂平台产生认同，并且关注学生的心理健康，鼓励学生多向教师进行在线心理咨询，促进学生有良好的心理状态来投入学习中。

（二）提高和培养教师信息化能力

考虑到教师对云课堂的接受程度和接受能力不同，为了教师都能在短时间内掌握云课堂教学，对整体教师队伍进行云课堂教学培训是最可行的办法。一方面，在培训当中，可以通过专业人员的讲解培养教师的网络技术知识；另一方面，现在对教师的培训都有专业的技术手册，所以教师在培训之后自己也可以通过手册来进行学习。教师在掌握了基本的云课堂操作方法后，可以根据自身的学科来对云课堂的使用进行整合处理，根据自身的学科特点和教学目标来进行教学设计。在教学设计上要做到：第一，选择适合云课堂呈现的教学内容。在云课堂的使用中，教师需要学会通过云课堂的平台来获取丰富的教学资源，再将这些丰富的资源进行整合，制作成PPT或者是视频来方便课堂教学使用。第二，灵活运用云课堂教学形式。在传统的教学课堂中穿插进云课堂的教学形式，促进学科教学目的的快速达成。第三，要通过云课堂对学生的学习进行客观性评价。做到这三点才能让教师在掌握了云平台课堂的教学技术后，运用云平台教学技术增强学生对云课堂的适应能力，

帮助学生通过云课堂树立自主学习的观念，并且养成自主学习的习惯。

（三）及时反馈和评价

反馈评价无论是在思政课堂中还是在其他专业课程中，都是十分重要的一环。这是教师教学成果的关键体现，也是对教师工作成绩的一种肯定。而要想将教学工作做到更好就需要教师在反馈当中多注意观察学生的态度，并且在云课堂中收集到的反馈信息都要仔细查看，仔细钻研自己哪里需要改进，哪里做得比较好，做到心中有数。教师要不断改进自己的短处，发扬自己的优点，才能把教学工作做得更好，也能让教学效果更好。教师既要培养学生树立正确思政观念，又要在教学中不断探索、不断提升自己，为普通高校思政教育的发展贡献出自己的力量。

云课堂平台中有很多强大的功能，也许有时候会被教师所忽视，但其实这些功能都有很大的作用。比如云课堂的广播、资源推送、分组讨论、在线测试、反馈评价这五大功能相互作用，刚好有效解决了在传统思政教学当中师生之间缺乏交流、互动不够的问题。同时凭借线上的便利，教师可以随时随地对学生反馈的评价进行回复，也可以随时随地对学生的作业或者习题和作品进行评价，让学生和教师之间的距离缩小。教师直接的评价能够促进学生的发展，学生直接的反馈也能让教师明确教学改革的方向。教师更清楚学生心中的难点问题，在讲课时就更具有针对性。而因为教师讲的都是学生想要了解的难点，也就吸引了学生的注意力，二者之间得到了充分的互动，也充分促进了二者的双向发展，有效促进了思政教学课堂的实效性建设。

比如在期末的复习课上，以往在复习课上学生都会很匆忙地记录考点和重点。一般来说，思政课堂的班级人数都非常多，一些学生可能听不清教师讲解的内容。云课堂就改变了这样的情形。教师可以在复习课开始之前就将所有考点和重点都发布出来，让学生提前了解，在课堂上主要对学生不容易理解的一些重点和难点进行再次的讲解，加深学生的印象即可。这样学生可以更好地理解，改变了学生以往思政课考试都是死记硬背知识点而没有任何个人理解的状况。而且在课下或考前，如果有学生对难点不理解，也可以及时与教师沟通，教师也可以在讨论小组里和学生充分讨论，加深了学生对思政课的重视。

云课堂的加入，不仅仅是改变了思政教育的教学方法，也促进了思政教育的发展，为思政教育的发展指引了一条明确的方向。云课堂优化了教学主要手段，提高了学生的学习热情，也让教师可以及时接收到课堂反馈加以改进，为加强学生的思想建设提供了一个良好的平台。

（四）绘制思维导图

思维导图对所有教师来说并不陌生。思维导图可以很清楚地看出各个层级之间的逻辑关系，因此很多教师都热衷使用。而思政教育本身知识点繁杂，在每个章节讲完之后，教师都会为学生列出一个清晰的思维导图来帮助学生将知识点捋顺。在传统课堂中，很多学生虽然记下了思维导图，但事实上还是会在一些难点上存在不理解的情况。云课堂则帮助这些学生有效解决了这个难题。学生可以通过云课堂，在手机上查看到自主实践研究思维导图的详细讲解和说明，必要的时候还可以查看详细的语音讲解和视频讲解，这样能够更直观地帮助学生来理解这些问题，也在很大程度上提升了学生对知识结构的构建能力。比如在"毛泽东思想和中国特色社会主义理论体系概论"的课程中，在为学生讲解中国特色社会主义理论体系框架时，教师可以在云课堂中提前推送一张自己规划好的思维导图。然后将讲解思维导图的具体视频都上传，留作学生之后查看之用。尤其在期末考试时，思维导图对学生复习起到了关键的作用。每章节的清晰思维导图，会让学生更容易总结以往的知识点，真正做到系统掌握思政观点和体系，对成绩提升有很大的帮助，并且这样也锻炼了学生的逻辑思维能力。

与此同时，对于一些探究性较强的教学内容，教师在预习阶段便将学生分成六个小组，由每组成员共同探究，合力在新课前利用手机完成思维导图的构建，并在课堂上将每组的成果通过云课堂技术平台直观地在同一平面上展示出来，让学生自己比较并评判优劣，最后由教师来总结。这样，不仅能够调动学生学习的积极性。而且，通过这种方式的训练，也能够提高学生把握课堂的重点知识和框架脉络的能力。

（五）整合教学资源

云课堂促进了课程改革的加速，也让思政教育的资源不足情况得到了充分的缓解。云课堂海量的授课资源和学习资源让师生都得到了极大便利，也让全国的思政教学资源得到了平衡。同时在思政云课堂上的每个人都是资料的拥有者和贡献者，这样更能让学生感受到自身的价值。而通过云课堂激活学生的思维，调动学生的积极性，让思政课堂动起来就是教师需要做的工作。能否做到让课堂动起来，主要就看教师能不能将这些丰富的资源有效整合起来，将云课堂的作用发挥到最大。良好的整合能让学生学习产生良好的效果，培养学生终身学习的观念，也能让教师更好地达成教学目标。

（六）丰富教学手段与方法，提高教学技能

云课堂教学采用线上自主学习和线下教师主导的教学方式，通过线上线下一体化教学

设计及丰富多彩的课堂活动设计，真正实现了以学生为中心的教学目标。这种教学模式要求教师发挥的主导作用更加突出，从课前预习的内容选择，到课堂教学的方式方法选择，再到课后的练习和巩固环节，都要求教师精心设计。尤其是教学方法，好的教学方法可以让云课堂教学模式达到理想的效果。除传统的教学方法外，小组合作学习、案例教学、翻转课堂等教学方法和模式，都是既与大学生思政课性质、目标相适宜，又有利于发挥线上线下混合教学模式的教育功能的教学方法。教师要认真分析教学内容、教学目的和学生的基础，精心设计教学过程，合理选择和高效运用各种教学方法和手段，不断提高教学技能，真正实现教学的线上线下结合、师生互动、课内课外相连，进而推进现代信息技术与教育教学的深度融合，重塑教育教学形态，探索智能化、个性化教育。

第三节　慕课在思政教育上的应用

一、"慕课" 与传统思政课的比较

新时代思政教育工作要想真正打动学生，将思政课真正上到学生心里去，提高思政课的亲和力、时代感、实效性和学生的获得感，而不仅仅是一种简单的纯理论和说教，就要将思政课与新的教学手段、教学媒介相结合，借助融媒体和移动互联网等学生熟悉的新技术、新方法开展思政课，做到在慕课教学形式下，在不改变思政课育人功能的前提下，从配方、工艺、包装上以学生喜爱的方式改进思政课。

（一）区别

1．时空不同

传统思政课要求到教室来完成一节课的学习，学生和老师采取每周见面的方式进行思政课教学。"思政慕课"采取碎片化的学习方式，有一台电脑或者一部手机就可以完成课程学习，没有传统上课的那种"仪式感"，但是学生可以以自己比较舒服的方式进行学习，地点可以在宿舍里、家里、公交地铁上或者咖啡厅里。

2．载体不同

传统思政课除了教师某时某刻在某个教室现场讲授，并无什么载体将其固定下来事后重听或者复习。因此，传统思政课如果遇到学生请假缺勤或者期末对一学期中的某一点、某个问题不明白想重新听一遍老师的讲解，则只能找教这门课的老师重复讲解，或者课上用录音笔把老师讲课的内容录下来，但这种方式毕竟不甚方便，因此不可持续。

现实中经常出现的情况是，一个问题想再听一遍当时老师怎么讲的，只要学生不好意思问，一般就听不到。"思政慕课"利用技术将每一节思政课固定下来，通过网络可以回放收看、收听，这就极大地方便了学生请假想补课或者课后复习。老师也可以通过回放自己的授课完善自己讲课的不足，不断提升思政课教学水平。

3. 教学主体不同

传统的思政课有着明确的大纲和教案，其假定前提是学生处于一个蒙昧或对相应知识的无知状态，教师以其理论储备向学生灌输、传授、传播理论知识。在教学中，教师以传授为使命，顺带解决学生一些问题。如果学生并不提问，教师也就不知道学生对理论掌握得如何。"慕课"由于技术的引入，教师在线边讲或者边讨论的同时，学生的问题或者疑点就反馈于教师，教师边看各种反馈边安排整个教学过程，有的问题学生特别感兴趣，或者结合当下特别紧密，学生希望多听，教师就可以安排后面的教学进度多讲，有的问题学生可能手里有更好的佐证资料也可以在"慕课"系统上共享，真正做到以学生为主体，改变了思政课教学的"供给侧"，提供学生需要的内容。这种主体的转换也改善了思政教学师生的人际互动。

4. 教学核心不同

传统思政课堂基于思政课的公共课特性和课程本身的政治理论的严肃性，在教学环节中通常是以教师为核心，教师主导教学的过程，以教师讲授为主，即使不乏一些讨论或者小组活动环节，最终落脚点还是理论的阐述。不仅如此，由于课程本身的严肃性，学生上思政课也往往表现得很严肃，也许是因为大班教学人比较多或者对于理论的敬畏，学生参与课堂讨论远不及专业课那么积极。"慕课"依靠技术手段隐去了面对面的"尴尬"，采取边看慕课边在旁边讨论区留言讨论或者弹幕参与讨论的方式，可以使学生在上课的过程中有任何想法都可以畅所欲言，在一定程度上实现了以学生为中心。

5. 培养目标不同

传统的思政课认为，课堂除了传播理论知识、帮助学生树立理想信念和正确的"三观"等，还要提升学生的人格魅力，这种提升是和老师的身教、感化不可分割的。"思政慕课"在理论传授、立德树人等"言传"方面的教育上是丝毫不落后的，但是缺乏一种"身教"的平台。"身教"是需要面对面接触形成的，并不是隔空的电脑、手机或者技术手段能进行的。·

6．评教体系不同

传统思政课的教师评价体系是单独适用一套标准，既不同于专业课，也不同于外语、体育等其他公共课。其指标既包含教学态度、内容、方法、效果等通行的普通高校课程评教标准，又包括课堂教学与社会的热点问题有机结合，注重对学生心理、情感、思想的启迪和引导，有助于学生形成正确的世界观、人生观、价值观等这些独有的标准。"思政慕课"必然要采取与之不同的评教标准，除了评价指标中的一位或多位老师的教学态度、教学内容、教学效果或者教学印象，还要评价"慕课"的制作效果、互动及交互效果、界面是否友好等。

（二）"慕课"与传统网络公开课的比较

"慕课"是不同于传统网络公开课的，虽然这两者有一些相似之处。"慕课"是一个完整的教学过程，是一种与融媒体和"互联网+"融合的教学方式，但是传统课堂的环节慕课丝毫不会缺少。在线进行课程教学的同时，正常教学环节中的课堂讨论、课堂交流互动、课堂问答、课后作业以及测验一个都不会少。"慕课"建立起一套系统完备的学习过程管理、质量监控、成绩评价体系，作业通常采取主观题教师在线评、客观题机评的模式。慕课成绩由上课签到、课堂测试、在线互动、课后作业和期中、期末、机考测试等组成。而网络公开课仅仅是录下来上课的一部分实况，以便更多的人在其他时间观看"录像"，其他人再看到的就是"录播"而非"直播"，往往也不具备课堂交流等交互环节和课后作业环节。

二、"慕课"的作用

如前所述，既然"慕课"和传统教学方式不尽相同、各有千秋，近几年中国"慕课"的迅猛发展甚至"慕课"总量居世界第一必然有其客观需求和原因。"思政慕课"在解决师生比、大班授课等长期困扰普通高校思政课教学的老大难问题方面的确发挥了独到的作用。

（一）弥补了传统思政课的不足

纵观全国大部分普通高校，传统的思政课教学采取的是大班教学授课的形式，四到六个教学班合并在一起，一两百甚至更多学生一起上一节思政课。这种教学通常在大的阶梯教室中进行，一名思政课教师在讲台上卖力讲课，上百学生坐在教室里面听讲，教师要借助扬声器才能将声音传播到每个学生耳朵里面。而往往坐在后排或者边上的学生要看到大屏幕上的课件或者教师的板书则比较费劲,如果大教室侧面没有屏幕,单靠看教室前方黑板旁边的大屏幕往往看不清楚。这种靠扩音才能听清老师讲课,难以看清黑板和大屏幕的上课方式从手段上就造成了师生之间的疏离,给学生以思政课"飞在天上"的感觉。

"慕课"则可以很好地解决这一教学形式的问题。还是以一个年级一两千学生为例,一门思政课通常配有至少四名思政课教师。一个不争的事实是,一个老师同时管理几十个学生的教学效果远比同时管理一两百甚至更多学生的效果好。如果采取小班面授与"慕课"相结合的方式,一部分学生接受思政课教师面对面在小教室里面授教学,由于师生配比更科学,一个老师面对几十个学生,既可以关注到每个学生的课堂反应,也可以正常进行交流、提问等环节,而且开展一些思政课教学环节中的角色扮演、问题研讨、翻转课堂等活动,也可以得心应手地进行。与此同时,另一部分学生在机房或者宿舍电脑前甚至是手机前采取"慕课"远程同步在线直播的形式,每个学生面对屏幕中的老师,可以清楚地看到老师讲课的动作和表情,同时,可以采取创新的师生互动交流的方式,比如学生提问可以采取"弹幕"等视频网站流行的年轻人喜闻乐见的方式,教师或者同时听课的学生可以对"弹幕"提问进行实时解答。在在线"慕课"过程中为了增添其趣味性还可以设置一些小的"关卡",比如中途弹出一些小题目,或者点击一些课程过程中的积分框增加积分,或者每一节课结束的积分抽奖,等等,并且为了调动学生的积极性,还可以设置一些参与度排名榜之类的各种排行榜。总之,传统思政课课堂教学的这些不足都可以借助融媒体+"慕课"的形式加以改善。"慕课"可以轻而易举地完成讲解、互动、交流、反馈、答疑等环节。

(二) 实现了思政课过程考核

课程考核是一门课重要的一个环节,也是一门课教与学状况的一个反馈。课程考核可以加强学生对一门课的重视程度,备考的过程也是对一个学科的知识进行集中梳理的过程。当前思政课改革提倡更加注重过程,从教材体系向教学体系转化。"慕课"可以做到将学生学习这门课的每个环节"留痕",比如登录出勤都会有所记载,记录学生在某时某刻在线学习这门课,并在其中进行了哪些互动环节,一个学期提交了几次作业和测验。这样考核平时成绩比课堂点名抽查更为科学,点名只是点到学生出勤与否,而"慕课"的过程痕迹化管理不仅使教师了解学生有没有在线出勤,而且了解到整个学习环节。课后作业和测试在"慕课"系统提交既便捷又便于系统自动批阅成绩记入平时成绩,真正实现客观公正的过程考核。而且批阅后的作业可以很迅速地反馈给学生,不像传统思政课期末交了作业师生基本就不再见面,由于一个教师一学期教几百人,作业也很难返回到学生手中的局面。毕竟思政课理论传授和育人才是最终目的，在这个过程中作业的订正其实是至关重要的。

这种过程考核的方式会使学生更加注重学习思政课的整个过程而不仅仅是期末考试这个最终结果，注重过程才会沉浸其中，沉浸其中才有可能真心喜爱、终身受益乃至毕生难忘。

三、"慕课"的新要求

（一）教师方面

从传统课堂到"慕课"教学，从线下几百人的大教室里到互联网或者移动互联网线上，这种时空的转换对于在传统课堂授课若干年的思政课教师来说，必须进行技术的跟进和角色的调整，这就对传统思政课教师提出了新的要求。

首先，思政课教师在备好本职课程的同时，还要掌握好融媒体"慕课"的必须技术。教师不仅要能讲好思政课，还要掌握在线回复学生问题、回应学生讨论、随时发布测验、发布课件以及有关视频、在线布置小组作业并进行跟进指导等手段，这不仅要求教师在镜头前能自如讲课、熟练使用"慕课"软件，还要求教师熟悉一些配套辅助软件的使用，如抖音、视频、剪辑软件等。这种媒介素养的新要求，对于青年教师来说，并不太难，但是对于一些不善于使用融媒体的年长教师来说，的确是一个不小的挑战。

其次，思政课教师要处理好"线上"与"线下"教学的关系。虽然"慕课"教学大大弥补了传统思政课课堂教学的不足，但是我们必须始终牢记思政课的育人属性。切忌沉迷于技术的五花八门而忽视内容本身、忽视了思政课本身的育人属性。再新的技术手段，再多的好看、有趣的视频也不能替代理论本身的讲准、讲透。良好的课堂讲授能力，得体的教风、教态，扎实的理论讲授基本功无论何时都是思政课教师立足的根本，在此基础上，实现传统课堂与"慕课"，线下教学与线上教学的互补。

（二）学生方面

很多学生本身对学习思政课并没有多大的兴趣，只是迫于考试和学分的要求，不得不学习以求考试通过他们习惯于中学政治教师那种盯着学、看着背、反复督促的学习模式。一些学生在教师的不断监管下，高考或者会考政治课也能取得一个较好的成绩。如果在普通高校思政课中实施"慕课"教学，就需要学生有较强的自主学习能力，至少具备能够按时登录并观看完课程的自觉性，并且完成课后作业、讨论等环节。这对于国内相当一部分普通高校大学生来说，并不是一件容易的事情。他们一开始出于好奇应该可以按时完成课程，但是坚持一学期自主观看、自主完成作业就需要一定的定力或者辅助手段。

（三）课程方面

如果学生本身对思政课并不感兴趣而是迫于老师的督促和签到的压力去课堂，那采取"慕课"的方式就会给学生逃课以可乘之机，他们可以"灵活"到打开"慕课"界面，然后做其他的事情。所以，实施"慕课"教学的前提是要提高思政课的吸引力和学生的获得感，使学生至少是大多数学生认同并愿意上思政课，这样才能保证他们在教室外、屏幕前能够主动地听课并完成学习。这就需要思政课本身的"配方"要更先进，"包装"要更独特，"工艺"要更精湛。更加贴合学生的实际，更有时代感，使学生自主自愿地坐在电脑前参与思政"慕课"的学习，这就对思政课的吸引力提出了更高的要求。

四、"思政慕课"的发展路径

（一）充分发挥公共图书馆的作用

"慕课"是互联网+思政课的一种有益探索。什么是"互联网+"？简而言之，就是将互联网和其他传统行业或者传统事物进行有机结合。"思政慕课"就是融媒体互联网时代和主阵地、主旋律的思政课的有机结合。这里面的是加速发展、破旧创新的意思。在融媒体时代，人人有终端，处处可上网，时时有连接，物物可传播。图书馆在融媒体时代起到信息源的作用，应当对接当前"思政慕课"，将图书馆中关乎人类智慧结晶的馆藏资源用于"思政慕课"中。比如：将传统文化诸子百家的馆藏资料用于"思政慕课"中的中华民族传统美德的部分；将抗日战争、解放战争的馆藏资料用于"思政慕课"中弘扬中国革命道德部分；或者将"思政慕课"在线资料、在线课程或者在线课堂中加入相关联的图书馆或者电子图书馆资料链接……其中，普通高校图书馆在"思政慕课"中发挥的作用是精英教育的模式，主要针对的是普通高校大学生的思政课教育；而社会公共图书馆则在"思政慕课"中发挥大众教育的模式，主要针对社会公众或者全民思政教育。

如何让学生或者想学习"思政慕课"的人在这么多的慕课中寻找到最适合自己的，图书馆应该搭建起方便易用的检索平台，发挥其助力大众终身学习、终身思政的作用。

随着科技的发展，数字阅读成为广大公众特别是年轻人最为常用的阅读方式，碎片化的阅读已经成为很多人的阅读习惯。图书馆提供的"慕课"检索平台也必须符合大众这种阅读和检索习惯，毕竟"易检索到"才是坐下来参与"思政慕课"的前提。

（二）　创建独具特色的"思政慕课"

近几年，在高等教育领域，的确出现了"慕课热"现象。基于"慕课"的便捷性和其在促进教育公平中发挥的作用。然而，正如多媒体幻灯片以及PPT课件代替传统板书一样，技术手段的运用将弥补传统教学的不足，但是不会完全替代传统的教师讲授。"思政慕课"也是一样，它可以作为适应新时代，上"活"思政课的一个手段，但不会完全替代思政教师对学生的面对面指导。我们如何做可以避免跟风，切实发挥"思政慕课"的作用，做出"思政慕课"独有的特色呢？

首先，融合而非替代传统的思政课堂教学。"思政慕课"是大学思政课教学手段的一种融时代有益尝试，但并不能等于思政课全部。普通高校思政课除了具有理论传播的"教书"属性，还具有承载着思想教育的"育人"属性。这是思政课与其他专业课或者外语、高数类公共课的最大区别。思想教育功能如果离开了面对面交流，效果是会大打折扣的。技术的优势是有目共睹的，但是传统课堂也并非一无是处，否则也不会在我们高等教育发展历程中经久不衰。因此，辩证地将思政传统教学与"思政慕课"融合起来，两种方式实现优势互补，针对院校自身的情况，承担起大学生思想教育的使命。

其次，可以用"翻转课堂"的理论改善"思政慕课"，形成"思政慕课+翻转课堂"的模式。传统课堂遵循"先教后学"，先认识后实践的逻辑顺序进行的。翻转课堂遵循"先学后教"的模式，由学生课下自主完成学习并提出问题，课上和老师一起交流、研讨事先发掘的问题，并探寻解决方案。"思政慕课"可以学习翻转课堂的理论，比如高校一个年级的学生采取"思政慕课"的方式完成一门思政课的学习，可以在学生每周在线观看"思政慕课"并且完成在线相关环节的基础上，在期中和期末或者每个月，选取固定的时间，由本门课本校的思政课教师集中采取面对面上课的方式解决这段时间学生在"思政慕课"学习中的问题。其过程不仅仅是答疑解惑，还有理论和相关问题的研讨，这种形式类似于"翻转课堂"。这样，既发挥了"思政慕课"本身的技术优势，解决了师生配比不足的问题，又弥补了师生缺乏面对面"言传身教"的弊端。

第七章 互联网时代高校学生思政教育的改革路径

第一节 优秀传统文化和大学生思政教育融合

一、优秀传统文化的特点

(一) 继承性和创新性并存

传统文化的继承也同样继承了多样性。其中，继承传统习俗是主要形式，继承传统文艺也是其中的重要部分。中国是文化史上唯一未曾中断的文明古国，它在时代演变的过程中保留了其基本特色。它也能够依据时代变迁随事而制，不断填充新的具体内涵。21世纪的今天，中国的传统文化内涵与精神实质仍然流淌在我们中华儿女的血脉中，依然是当今中华儿女行为方式和生活习惯的指导思想。

中国的传统文化之所以没有在历史变革当中被消亡，最重要的原因就是它能够依据时代变革，不断推陈出新、创新发展。它在汲取前人智慧的基础上又不断创新，结合时代需求形成新的理论体系，如此循环往复，逐渐形成并发展成熟。此外，它能够积极汲取各民族及其他国家的优秀文化，在交流发展中不断包容、融合，进而达到其创新发展的目标。

(二) 独立性与通融性并存

独立性主要是指传统文化以中华民族为主体创立，并逐渐发展成为我国独特的文化体系。中国独特的方块汉字及语音系统、以藏象学说为核心的中医药理论体系、风格独特的戏曲音乐、诗情画意的中国书画等都是中国传统文化的典型代表。它对于外来文化具有强大的通融性和批判性。对待外来文化，我们秉持"洋为中用"的原则，在批判的基础上加以继承。正是这种强大的通融性和理性的批判继承，使其能够在世界文化中发挥其主体性地位，在现代社会中充满时代活力，增强我国在当今世界中的文化软实力。

二、优秀传统文化的价值

（一）蕴含中华民族传统美德的人格修养

现阶段实现自身发展必须要完善人格修养，学习和积极传承中华民族传统美德。高校育人的根本目标是实现立德树人，重在培养具有较高道德水平的高校大学生，这与中华优秀传统文化强调完善人格修养相一致，能够起到极大的推动作用。

（二）以爱国主义为核心的民族精神

在整个中国传统文化之中都始终贯穿着爱好和平、团结统一等中华民族精神.作为传统文化核心的爱国主义精神在现代思政教育中也发挥着至关重要的作用。一方面能够让学生通过多种艺术形式来了解传统文化的深刻内涵，有利于增强文化意识和提高使命感；另一方面帮助学生建立独特且深厚的民族情感。在展开思政教育实践活动中，主要形式包括学习唐诗宋词等文学作品，感受民歌、曲艺等民间艺术。通过以上实践活动能够帮助学生提升民族意识、深化爱国主义教育。以爱国主义为核心的民族精神是培养当代高校大学生的重要内容，与中华优秀传统文化的爱国精神一脉相承且具备独特的时代特征，我国高校十分重视高校大学生社会实践活动，开展中华优秀传统文化教育工作，增强高校大学生责任意识及爱国精神。事实上，古代有许多文人志士就对爱国主义精神进行了充分歌颂。

（三）自强不息的崇高理想信念

从古至今，中华民族始终推崇的理想信念及道德传统就是自强不息。做人必须要坚韧不拔、敢于拼搏。现阶段，实现中华民族伟大复兴的中国梦是我们的理想，追求这一理想需要全国各族人民不懈奋斗、顽强拼搏才能够实现。优秀传统文化和自强不息的崇高理想信念体现了我国人民自古以来的奋斗精神，这对激励当代人民团结奋斗有着十分重要的意义。

三、优秀传统文化应用原则

（一）方向性原则

1. 坚持以马克思主义为指导

由于各个地区发展的历史和环境不同形成了不同民族独特的生活和生产方式，各地的风俗习惯各有特色。马克思主义理论的内涵非常丰富，不仅有指导我们日常处事的辩证思维，其群众路线、实事求是的思想至今影响着人们的生活。而中国特色社会主义文化以马克思主义为指导思想，汲取了西方文化中的优秀成分，并与我国传统文化结合，可以说是中西文化结合的产物。为此，要坚持把马克思主义基本原理同中国具体实际相结合、同中华优秀传统文化相结合，传授给学生优秀的传统文化，抛弃不符合马克思主义的腐朽文化。可以说，马克思主义是衡量传统文化能否进入大学课堂的标准。

2. 坚持思政教育

自古以来，知识分子的家国情怀就非常浓重，他们拥有崇高的道德理想，随着历史的发展，逐渐与我国传统文化相融合，如顾炎武的"天下兴亡，匹夫有责"（《日知录·正始》），他们不仅成了传统文化道德教育的一部分，同时也与思政教育有着紧密的联系。

3. 坚持社会主义核心价值体系

社会主义核心价值体系作为指导我国国民思想道德的纲领，需要通过宣传和实际行动使其融入大众生活，让广大人民群众对这一体系有深刻的理解。

（二）创新性原则

中华优秀传统文化能够传播延续需要借助创新性开发这个重要方式，时代在不断变迁，传统文化也要有所变化。文化传播可以从一个地域传到另一个地域，也可以从一个时期传播到另一个时期。通过文化传播可以使优秀传统文化绵延不绝。弘扬中华优秀传统文化方式多样、维度丰富，创新性开发就是其中一个重要的方式。利用创新性开发可以对优秀传统文化进行整理和利用，如果还要符合思政教育功能的话，就要结合时代特点、受教育者的价值观等因素，赋予优秀传统文化现代文化的意义和内涵，把外来文化中可以融合优秀传统文化的部分进行融合，把新的文化要素传授给受教育者也不失为一种好的教育内容。思政教育可以说为优秀传统文化的创新性发展指明了方向，由于这个正确方向的存在，使优秀传统文化更好地服务于当下的文化发展，也丰富了思政教育的内涵和价值。

四、优秀传统文化与大学生思政教育融合的可能性

（一）价值观契合

社会主义核心价值观内容包括倡导富强、民主、文明、和谐，倡导自由、平等、公正、法治，倡导爱国、敬业、诚信、友善。社会主义核心价值观的内容指明了我国思政教

育的前进方向，为高校思政教学体系建构提供了清晰的思路。它要求思政教育必须在理念上进行全面的更新，要坚持立德树人的根本目标，树立"以人为本"的教育理念，就要始终加强马克思主义思想与理论对高校思政教育的指导，确保高校思政教育的政治方向准确。

中华优秀传统文化是中华文明的重要内容，经过千百年的发展，形成了崇德、善仁、进取包容、谦敬礼让、求真务实等内涵丰富的价值观念，这是各民族共同智慧的结晶，是全体人民共同拥有的。从社会主义核心价值观的内容和要求来看很多均源自中华优秀传统文化，是千年来中华民族始终坚持的优秀传统美德。

（二）目标一致

我国思政教育的根本目的是提高人们的思想道德素质，促进人的全面发展，激励人们为建设中国特色社会主义，最终实现共产主义而奋斗。而我国高校思政教育所需要解决的就是在社会主义社会中，在马克思主义思想理论指导下，如何实现人的全面自由发展问题。这两方面的内容构成了我国思政教育的根本目的。中华优秀传统文化中对理想人格的追求体现了对人们道德品质的理想追求和总体要求。对理想人格和道德不同层次的追求，使得中华优秀传统文化在"立德"层面上有了更加深厚和丰富的立体内涵。这种对"德"的高度要求和自律，也深刻地融入每一个人的心中，逐步形成了社会公民所公认的愿意遵守并不断追求和共同维护的社会道德准则。由此可见，我国思政教育与中华优秀传统文化在目标设置上都指向人，指向人的思想道德素质，都将对人的思想道德素质的培养和提高放在首要核心位置上，注重对人的美好道德品质的培养和提升，这体现了二者在育人目标上的一致性。

五、优秀传统文化与大学生思政教育的融合策略

（一）推动高校"三大课堂"建设

1. 强化"第一课堂"，运用新媒体打造传统文化特色课程

课堂是大学生接受知识教育的主渠道，是大学生思政教育中开发与利用传统文化资源的重要场所。把优秀传统文化中的合理内容适度融入高校课程体系很有必要。高校必须开设优秀传统文化必修课，充分发挥课程育人的功能，强化课程育人体系。课程是高校开展思政教育工作的主要渠道，教材是重要的载体。不仅要将优秀传统文化编入教材，还要适当增加优秀传统文化在思政教材中的比重，根据高校自身实际情况与学生思政教育状况，

有选择地吸收和学习优秀传统文化，完善思政课程体系，优化课程设置。

2. 依托"第二课堂"，开展优秀传统文化实践活动

高校要牢牢把握知行合一的内涵，充分发挥课堂与教材的作用，运用优秀传统文化资源开展实践教学活动，以此提高思政教育的有效性与学生对优秀传统文化的认知程度。高校要拓宽优秀传统文化教育渠道，广泛利用社会资源，采取"请进来"与"走出去"相结合的方式来进行优秀传统文化教育，邀请知名学者来学校讲座与让学生走出学校实地参观考察结合。举办不同类型的文化展览，为大学生创设文化情境，带领学生感受优秀传统文化，积极组织优秀传统文化学习活动，建立传统文化社团组织，营造良好的文化氛围，实现高校思政教育形式的多样化，促进学生转变。

3. 建设"第三课堂"，优化基于优秀传统文化的网络平台

新媒体是在新的技术支撑体系下出现的媒体形态。新媒体的飞速发展为高校开展思政教育工作提供了新空间与新载体，网络成为优秀传统文化传播的主要工具，也是当今大学生获取信息、交流情感的重要手段。高校要运用新媒体技术，优化优秀传统文化网络教育平台，推动思想政治工作传统优势与信息技术高度融合，加固网络思政教育重要阵地。爱国主义情怀、自强不息的进取精神、诚实守信的良好品格及谦逊有礼的处事要求等，都是优秀传统文化的丰富内涵，要积极传播优秀传统文化，引导学生关注与认知中华优秀传统文化。

（二）提升高校教师综合素质与文化教育意识

1. 合理利用新媒体平台资源

新媒体既给高校教学带来了机遇，也伴随着挑战；即使网络优质资源共享于教学，也要求教师具有完备的新媒介素养与信息技术应用能力。因此，在高校思政教育中，教师专业素养的提升尤为关键，对教学效率与效果会产生积极或消极的影响。教师阅历丰富，凭借个人魅力会潜移默化地影响学生思想与行为，使学生乐意接受教诲。高校教师要努力提高新媒体素养，参与、使用新媒体，对新媒体信息有正确的识别、理解能力，判断、质疑能力，提升自己运用新媒体开展工作的能力，以身作则，正确引导学生使用新媒体。

要重视优秀传统文化线上课堂，创新大学生和高校教师互动交流模式。在思政课堂上，大学生对优秀传统文化兴趣不高、态度不是很积极。教育工作者要处理好"教"与"学"的关系，尊重大学生的主体地位，采取大学生乐于接受的方式。基于大学生更喜欢网上交流而非面对面沟通，教师可以合理利用新媒体，适时创建优秀传统文化线上课堂，

在网上与学生互动交流，构建网络环境下的大学生和高校教师关系。以学生喜闻乐见的方式开展优秀传统文化教育，为提升大学生的文化素养打造更加畅通的平台，这也是新媒体时代人们的共同目标和理想追求。

要注重基于优秀传统文化的思政教学研究，进一步完善思政教育内容。中国传统文化源远流长、博大精深，教师只有自己真正了解优秀传统文化的内涵，才有可能在授课时旁征博引，将课程讲得出彩，激发学生学习的积极性。

思政教育工作者必须把握优秀传统文化的思想内涵，最大限度地发挥其思政教育作用。高校要高度重视教师的理论文化学习，开展传统文化交流和研讨的教学活动，设置相关研究项目与经费，增强思政教育工作者深入研究优秀传统文化的动力，实现优秀传统文化与思政教育深度融合，进一步提高高校思政教育质量。

2. 增设网络教育阵地，优化创新传统文化教育的新方式

信息科学的发展日新月异，因特网、模拟和数字信号、智能手机等占据了人们平时的生活，同时跃居为学习和沟通交流的重要途径和方式。互联网逐渐变成学生搜集资源和学术的速度最快、最方便有效的通道和措施，使得大学生的自我提升、平时的生活，甚至是精神框架都具有普遍而意义深远的作用。

大学应持续地创新传统文化教育的进程和渠道，增设网络教育，最大限度地发挥网络的核心影响，利用以网络为核心的传统文化培养区块，为大量的学生可以完整地进行思政教育提供极大便利。现在，为数众多的大学都建设了自己的网站，以此为契机，能够利用优化传统文化发扬渠道，把大量理论转化为音频和视频等富有感染力的渠道提供给学生来学习，使学生感受到传统文化的核心能量。校园网站的创建，不单单减少了学生和老师之间的隔阂，让学生耳濡目染地接受学习内容，同时可以有方向性地对学生日常生活中的"疑难杂症"逐一讲解，对学生精神层面完成有针对性的引导。所以，思政课老师需要完善地学习网络科学，对大学生进行多角度的教育和引领，同时对网络资源完成详尽的审查，为大量的学生增设更加行之有效的思政教育方式。

3. 提高思政课教师的自我修养

教师必须要主张坚定的政治方向，促进思想道德的建设和教育，推进国家和社会使命感的形成，完成大学生自由生活和成长的方向标和指路牌。所以，增强大学思政课教师人才培养和建设是必不可少的。

然而，从现在的发展方向来判断，在大学思政课教师人才的引进和相关后期建设的流程中，许多教师没有相对应的职业道德素质层面的修养资格，无法将足够的时间投入自己

的事业，自身对中国传统文化知之甚少。在课堂期间得过且过，如此发展，使得大学思政课的教学成效甚微，无法展现本科目当初设立的初衷和最终课程效果。

4. 教师进行深入学习，加强传统文化与教学内容的结合

教师要想将新时代思想道德建设与传统文化进行结合，不仅要对该专业知识有充分的研究，也要对传统文化进行深入学习和实践。一方面，教师通过深入学习内化传统文化，能够得到自身道德修养的加强和行为表现的变化，进而潜移默化地影响学生的道德发展。另一方面，通过学习内化传统文化，能够将优质的教学理念和儒雅的学者风尚引入课堂，提升学生的体验感和代入感。教师在高校思政教学中融入传统文化，能够做到"两手抓"，让学生从优秀传统文化思想与现代先进道德观念两方面得到思想的熏陶。因此，要树立高校学生正确的道德观，促进以德立人的教学发展，就要充分了解传统文化，加强传统文化与课堂内容的结合。

第二节　基于互联网教学平台的思政课改革

一、翻转课堂的定义

翻转课堂教学模式，顾名思义，即把传统课堂进行翻转，变教师主体为学生主体，变传统讲授为充分利用新媒体等技术开展开放性和多样性课堂，最终都是以实现思政教学的最终目标为出发点和落脚点。现阶段，学术界对翻转课堂的概念界定总体上体现在以下几个方面。

（一）课前预习

课前，学生对学习内容的选择具有充分的自主权，可充分运用新媒体技术进行"淘课"预习。

（二）课堂学习

课中，学生通过教师引导对课堂进行主动学习、讨论和总结，运用教师讲授、视频音频学习、小组讨论等形式对课程主体内容进行学习和掌握。

（三）课后复习与考核

课后，学生回顾总结相关知识点并主动完成线上考核，教师在考核学生时充分体现人

性化和主体性的特点。

二、翻转课堂的特征

翻转式的思政教学模式在很大程度上体现了合作学习、信息化学习和个性化学习的基本特点，将教学立足点放在学生的"信息获得与加工""协作学习""自我提升"等能力的培养，其特点主要体现在以下几个方面。

（一）个性化

翻转课堂教学模式的个性化体现在课程设计、课堂安排和课程评价都是以学生主动学习的过程和自我能力提升的目标为价值导向。

（二）协同性

翻转课堂的协同性主要体现在课前预习、课中学习和课后复习三环节的协同、教师与学生双主体的协同及学生学习知识和内化知识的协同。

（三）数字化

翻转课堂最早出现于美国高中化学教师在教学实践中发现用屏幕捕捉软件录制讲课视频，之后发布到网上，可供缺席学生和学习有困难的学生自主学习，反复通过自学和课堂讨论来解决疑难问题。显而易见，现代化信息技术的广泛兴起是翻转式教学方式被广泛应用的重要基础。

三、翻转课堂运用到思政教学中的作用

（一）提高了教学实效性

思政教育程在高校的所有课程中的地位并不显著，一方面与高校领导的重视程度不足有关，另一方面与思政教育的教学实效性不明显有关。思政教育传统授课模式由教师单一传授为主，教师教学水平的高低、教学内容的吸引力、课堂管理效果直接决定思政课课堂的教学效果。翻转课堂教学模式一改传统教师主导的教学模式，让学生在课前、课中、课后各大环节充分参与学习，依靠信息技术给予学生多种学习模式和丰富的学习资源，开拓了学习阵地。因此，开展翻转课堂教学模式，有利于将课堂的主动权还给学生，帮助学生开拓学习阵地、丰富学习资源、创新学习模式。大量的事例表明，自从我国实行新的课程

标准以来，翻转式教学模式的出现顺应了我国教学改革的潮流，是对传统教学模式的深刻变革，该教学模式无论从理论还是实践层面都起到了提升高校教学成效的显著意义。

（二）提高了学生的参与性

大学生作为高校课堂的主体，其自身特点是对思政教育进行课堂改革的主要考量因素，个性化强、有独立意识、原始知识丰富、网络时代"原住民"等均是当今大学生的显著特点。传统思政课教师在课堂的权威性和科学性强，教师传授知识、学生接收知识是业已形成的特点，但这种方式不适用于当今思政课课堂。一方面，从学生的个性化强和有独立意识上看，现在的大学生以"00后"为主，其更倾向于以自己的方式和角度思考问题，而不是一味接受教师的传授。思政课教师在应对学生的思考角度和结果时应以引导和鼓励为主，在开展课堂教学时也应积极调动学生参与到讨论中来。另一方面，从学生网络时代"原住民"和原始知识丰富的特点来看，思政课课堂不应仍是对学生固有知识体系的简单重复，也不应单是以讲授、提问和讨论的传统方式展开，而应充分利用信息技术手段，引导学生广泛涉猎、勤思考，并在充分了解与思考中得出自己的见解。翻转课堂教学模式在增强学生课堂参与度上应用最广。课前主张学生自主学习教师上传和自己搜索的内容，在翻转课堂的教学实践环节，教师应利用多种教学方式和教学思维构建系统化的教学体系；在课后环节，教师应引导学生进行自主复习和测试；在"翻转课堂"的考核评价环节，考核主体应注重增强考核内容的多元化发展，方方面面都体现了思政课课堂不断增强学生课堂参与度的要求。

（三）改变了教师的教学理念

高校思政教育作为大学生思政教育的主阵地，其课堂效果的发挥一定程度上决定了高校开展思政教育的成效。我国教育部门针对思政课理论教学颁布的相关政策和文件中明确提出，要切实推进思政理论教学方法和教学模式的变革。教师角色由知识传授者向学习引导者转变，教师教学方法由传统讲授向教学视频的筛选、制作与上传转变，引导学生建构主体知识体系。翻转课堂模式的着重点是教师在教学过程中发挥好自身的引导角色，引导学生在该模式下进行自主探究和自主学习，从内心增强对思政课的兴趣，并不断培养自身的实践能力和创新能力。简单来讲，思政课教师利用该模式教学应做到将学习的主动权真正交到学生手中。

四、思政教育翻转课堂的应用路径

翻转课堂教学模式名义上虽是对课堂进行翻转，实际应用却体现在课前预习、课中授课、课后复习及评测的全过程中。高校应及时做好信息技术完整性和教学资源的整体性建设工作，这是开展翻转课堂教学的前提和基础。同时，还要保证教师及学生都具有学习先进技术与手段、创新教学方法的意识和能力。在此形势下，本书就高校思政翻转教学的具体应用进行了合理分析。

（一）构建师生双主体

思政课教师在开展教学中应一切以学生的根本需求为主，以促进学生的全面自由成长为基本立足点。因此，在利用翻转课堂教学模式进行思政教学的过程中，需要将教师和学生共同确立为教学的主体地位，制定合理的人才培养方案和思政教学任务。首先，学生主体不可逆。基于建构主义理论和人本主义理论的翻转课堂教学模式，充分尊重学生这一课堂活动的主体，在充分尊重学生认知能力和学习结构特点的基础上，科学设置思政教学内容和教学课程。由于学生独立意识强且热情主动，高校思政课课堂以学生为主体，其课程设计可以学生主动完成学习为主。其次，教师主体不可弃。教师传统教学授课形式虽使思政教育略显枯燥，但不可否认，高校思政教育仍是一门传授理论知识、传递价值理论、塑造学生世界观、人生观和价值观的课程，要想使大学生形成正确"三观"，必然离不开思政课教师的正确引导。最后，教师学生双主体是选择。宏观地进行分析，利用翻转课堂模式开展教学需要教师和学生形成合力。构建师生双主体，既使思政教育摆脱枯燥与理论性强的固有思维，又充分发挥学生的主体性，同时教师仍能传道授业，从而真正实现思政教学和翻转课堂模式的有机融合，达到高校开展思政教学的最终目的。

（二）提高教师的自身素养

与传统的教学模式相比，翻转式的教学模式要求教师开创全新的教学体系。首先，教师应坚定自身理想信念。教师应先明确自身的教学任务，用习近平新时代中国特色社会主义思想不断充实自身。在新媒体和信息技术在教学过程中广泛应用的今天，思政课教师必须在纷繁复杂的信息内容中坚定自身的理想信念，并引领学生树立正确的"三观"。其次，在信息化教学的大形势下，高校的思政课教师也应加强自身的信息化素养，掌握基础的计算机知识和技能。在开展翻转式的思政教学过程中，思政课教师应对该模式与传统教学模式进行合理的比较，并不断学习制作视频、搭建网络学习平台、与学生在线互动、甄别优质网络学习资源等技术，提高自身的信息化教学水平。最后，思政课教师也应注重提升自身的科研能力，最终达到"以研促教、研教一体"的目标。理论知识和教学方式都不是一成不变的，思政课教师必须不断提高自身教学的专业性，从历史维度、现实维度、理论维度、实践维度等多角度为学生阐述理论、分析理论、提升理论。与此同时，教师应在教学过程中加强对教学方式的研究，通过对教学过程的分析总结和对相关研究的学习提炼，进一步提升自己的课堂教学能力。

（三）注重课前、课堂和课后环节的紧密结合

翻转课堂教学模式的最大亮点就是将学生的课前预习、课堂表现和课后复习三个环节进行广泛结合，以此实现思政教学的全方位育人、全过程育人特点。首先，在翻转课堂教学的课前预习环节，教师通过将本节课堂教学需要掌握的知识点和教学重、难点制作成小视频，让学生提前进行自主观看和学习。教师鼓励学生在中国大学生慕课、智慧职教、知名大学网络学习平台、网易公开课等信息平台自主"淘课"，选择自己感兴趣的视频进行自学；教师要求学生将自学成果整合成自己的知识体系，并上传到平台或以书面形式在课堂上呈现。其次，在翻转课堂教学的课堂教学环节，要求学生自主探究。传统意义的思政教育最大的不足在于教师全盘灌输、学生被动接受、普遍"教"与"学"的特点。翻转课堂主张针对不同学生的特点开展差异化教学，学生通过成果展示、学生讨论、案例分析、视频学习、归纳总结等环节进行互动学习；通过展示自学成果、讨论课堂主题、归纳习得知识，建构自己的知识体系；教师对学生学习过程及成果进行引导，并对知识点进行梳理和呈现，使课堂效果实现质的提升。最后，在思政翻转式教学的课后复习环节，要求学生巩固提升。思政课教师应充分运用第二课堂，这是高校思政教育教学改革的一大要求。思政课教师应注重学生课堂学习的巩固提升，一方面要求学生按时完成平台的测评任务，查验自身理论学习的效果；另一方面主张学生走出课堂，即走向社会，通过拍摄微电影、参观实践教育基地等实践教学形式在实践中将理论落地，在实践中升华理论，又走向网络，通过微信公众平台、网页、手机 App 等进行延伸阅读，丰富自己的知识体系。教师在利用该模式进行教学的各个环节中需要做好对学生的考核评价工作，考核方式、考核内容和考核主体的设计都应本着调动学生学习自主性的根本目的。

（四）注重思政重、难点知识

首先，在将翻转模式引入课堂时，教师应强调视频学习只是一种方式，其内容不是课程学习的主要内容，将学生从课前的分享与讨论中抽身，进入真正内容的学习。其次，在课堂环节，教师应着重针对教学的重、难点进行教学设计，成果展示、课堂讲授、课堂讨论等都要围绕教学的重、难点展开。最后，在课后反馈阶段，教师可基于学生的实践表现进行主观性考评。在利用翻转课堂进行思政教学的过程中，教师能否对整个教学课堂进行

合理引导、学生是否能最大限度地吸收课堂教学知识点，成为衡量该教学模式是否有成效的关键因素。

（五）教师统一管理思政教学课堂

利用翻转式的教学模式开展思政教学对教师提出了更高的要求，教师必须有效负责整个教学课堂的准备工作，比如根据学生学习特点筛选教学内容、制定教学方案、使用合理的教学手段等，同时还需在平台及时查看、批改学生的自学成果，这对教师课前组织和管理能力是一大考验。与此同时，利用"翻转课堂"教学模式的最大特点就是让学生学在课前，在此模式的课堂教学环节教师主要为学生解答疑难问题、展开课堂讨论，并引导学生掌握相关理论，提升相关能力。为进一步提升课堂有效性，教师应组织小班讨论，让学生以小组形式进行相关内容的分享、讨论与展示，教师针对性进行点评，这既考验教师的知识水平，也考验其课堂管理水平。最后，考核和评价环节，尤其是对教师和学生的考核评价是该教学模式的重点内容。思政教育课程是对学生价值观进行正确引导的重要武器，因此对学生的考核评价不应集中在理论知识层面，高校思政教育是立德树人的关键环节，是大学生思政教育的主阵地，其对学生的考核与评价不应只是学生对理论知识的掌握程度，更应是思维能力的提升、正确价值观的养成、自身素养的提升等。这就要求教师应进一步探索学生考核方法，考核学生在翻转课堂整体教学过程中的表现及核心价值观的养成，以此有效调动学生的学习自主性和学习自觉性。

（六）线上与线下相结合

教育领域构建线上线下双渠道，即实现现实教学与网络教学的结合。高校思政教育开展翻转课堂教学模式，其前提正是信息技术手段的广泛应用，因此构建线上线下双渠道是必然选择。在利用翻转课堂进行思政教学的过程中，思政课教师应明确颠覆课堂、翻转课堂和对分课堂三者的异同点，进而将现代化的教学设备和教学方法充分利用起来，调动学生的思政学习积极性和学习主动性。第一，教师应分专题研究翻转课堂教学模式的适用内容，并提前组织集体备课，教师分工完成课前自学微课内容的录制。第二，思政课教师应充分尊重学生的身心发展特点和认知能力特点，为学生制定个性化的学习方案。第三，教师要帮助学生筛选适合的网络视频和文字材料。第四，教师要合理分配微课内容、自主探究内容、讨论内容和课后实践内容，不同环节学习内容的设置都要给学生留白，启发学生思考。综上所述，教师在进行翻转式的思政教学过程中，应做到统筹兼顾教学方法、教学内容、教学模式。

第三节　大学生思政教育采用新型教学方法

一、实施疏导教育

（一）疏导教育的含义

准确把握疏导教育法的基本内涵要从如下层面入手：一是重视"疏"的作用，疏导教育法是建立在教育双方地位平等、互相交流的基础之上的，即充分发挥了受教育者的自觉主动性，让受教育者讲出心中所想，教育者再根据受教育者具体的问题进行引导，是一种教育主体与教育客体思想、情感互相交流的方法；二是要重视"导"的作用，在教育过程中教育者要发挥主导作用，对受教育者所表达的正确思想观念予以肯定，对于不当和错误的言行进行说服教育，弘扬和宣传正确思想的方法；三是疏导教育法是一种解决人民内部矛盾的方法，应当本着"惩前毖后、治病救人"的原则进行，所以在运用的过程中主要是采取说理教育、真情感化、批评教育和循循善诱等方法进行。由此可见，疏导教育法是由相互联系、相互依存的"疏"和"导"两个方面构成的。没有疏通环节的畅所欲言、广开言路，引导就无法顺利开展；没有引导环节的利导引导、说服教育，疏通也就失去了意义和价值。

（二）疏导教育法的基本特征

1. 重视民主平等

这是疏导教育法运用的前提和基础，也是其首要特征。民主平等首先是指在进行教育的时候，教育者与受教育者的地位是平等的，双方以平等的身份进行交流，受教育者有表达意愿和想法的权利；其次是指教育双方要进行互动，对于某个特定的疑难问题，教育双方都发表见解，对方要认真聆听并进行讨论，并就不明白的地方进行提问、就不同意的内容进行反驳，是一种朋友式、兄弟式的探讨；最后，教育者也要对受教育者正确的思想进行肯定，对其错误的思想进行批评纠正，是一个互相交流、互相探讨、互相提高的过程，摒弃了教育者居高临下的一味灌输，不给受教育者任何表达想法的权利的传统方式。

2. 强调主体间性

疏导教育法的主体间性体现在教育主客体之间是相互影响、相互转换的关系。受教育者的主体性体现在可以充分平等地表达自己的意愿和问题，并对教育者的理论有辩论和选择的权利，教育者的主体性体现在对教育活动的组织和设计上，以及对教育对象正确思想的弘扬和错误思想的纠正过程中；教育主客体之间的互相转换体现在教育双方是一种交融性的存在，是一种"主体—主体"的思维模式，即一种教学相长、青蓝互滋的和谐状态。

3. 注重人文关怀

这是疏导教育法的情感延伸，也是疏导教育法有效性的重要基础。疏导教育法要求教育者认真倾听教育对象的思想和意见，当然也包括情感层面的问题，并且要求教育者将情感内容作为核心话题与教育对象进行交流探讨。在帮助教育对象的过程中不仅是理性内容的灌输，更重要的是情感问题的疏通，只有疏通了情感才能使教育对象以良好的风貌和积极的心态来接受正确的思想。教育者要真正将教育对象当成自己的家人、兄弟和朋友，真正地关心他们、关注他们的实际问题、关注他们的发展。疏导教育法要求教育者肯定人的个性与价值，尊重并关心教育对象选择的权利，维护并支持教育对象的个性发展。

4. 突出强针对性

这是疏导教育法取得实效的基石。疏导教育法要求教育者在认真倾听教育对象具体问题的基础上进行分析辨别、归纳总结。要针对不同教育对象的不同问题采取不同的方法，具体并且实际地为解决教育对象存在的问题提供帮助；对教育对象的合理诉求应该积极地进行反映，搭建好沟通的桥梁；要善于借助各种环境、充分运用各种人力物力条件形成教育合力，帮助教育对象解决大的问题；要借助具体的典型、理想或价值给受教育者以直观的感受和刺激，使受教育者明辨是非、明确努力进步的方向，要关注受教育者个人的要求，帮助教育对象解决与自身成长和发展相关的实际问题，最终使教育对象真正得到帮助。

(三) 大学生思政教育运用疏导教育法的必要性

第一，疏导教育法重视民主平等，符合高校大学生和高校教师关系的内核。民主平等指的是教育过程中，双方的地位是平等的，双方都能够平等地表达自己的想法并对这些想法进行充分的交流与互动，同时对于某个特定的问题，双方都必须要都发表见解，而不是思政课教师占绝对的主导地位。在高校以人为本、立德树人的大的教育背景之下，疏导法的这一点恰恰契合了当今学校想要构建的一种高校大学生和高校教师关系。给学生充分的权利表达自身的思想情感，摒弃了教育者居高临下灌输的这种做法。

第二，疏导法强调针对不同的学生采取不同的教育方法，为解决受教育者的实际问题提供帮助，这种方法的针对性更强并且能够发挥更大的作用。疏导教育法要求教育者必须认真倾听受教育者思想上的问题与困惑，并且在此基础上对问题进行总结梳理，帮助学生完成自身的成长。整个过程中，都十分注重受教育者自身的看法与感受。教育中，每一个个体都是与众不同的，只有在对学生本身个性有所了解的基础上，才可以为解决学生思想方面存在的困惑提供帮助，并且与教育的基本规律相符合。也能够更高效更有针对性地对学生进行教育。

第三，疏导教育法在高校中有很大的适用性，使用起来非常广泛。疏导教育法是随着党的思想教育的创立而产生的。可以说，疏导教育法与思政教育是相辅相成、骨肉相连的。运用到高校中，疏导教育法对正处于思想价值观形成关键期的大学生来说，强调对学生本身状况的关注，具有很好的适用性且易于操作，因此在高校当中运用得非常广泛。思政教育工作者常常在不知不觉中使用疏导教育法对学生进行引导，无论是专业课还是思想政治理论课，思政课教师一般会在与学生进行交流的时候疏导、整理学生的思想，与学生交流沟通。但这大部分都是在一种无意识的自主情况下使用的，而缺乏具体的训练，也常常导致一些问题的产生。

（四）大学生思政教育运用疏导教育法的措施

1. 营造民主的氛围

随着我国社会主义制度的不断完善和社会经济的不断发展，我国传统的等级观念逐步被打破，在客观上也为疏导教育中思政课教师与学生以平等的身份参与到疏导教育法中提供了有利的条件。要营造民主的制度氛围应该做到以下几点。

首先，思政课教师在面对教育对象的时候，应该始终保持平等的态度，尊重他们的权益，让学生自我教育的积极作用得到充分发挥，让学生能够更加积极主动地接受教育。

其次，在思政课教师与学生之间建立平等对话双向沟通的机制。举例来说，建立网站，思政教师轮班在线，当学生遇到疑难问题的时候，不管是什么时候或者处在什么地点都能与思政课教师进行交流。设立学院短信提醒服务，每周给学生发送温馨的贴士，对学生的生活与学习起到关心的作用。公开书记和校长的邮箱，让学生可以畅谈自己遇到的疑难问题。通过机制的建立，思政课教师要清楚、完整地了解到学生的问题所在，把学生的错误思想拉到正轨上。平等机制的建立不仅需要思政课教师和学生的合作，更是一种信任，所以我们要激发学生的积极性，让思政教师与学生共同探索民主氛围营造的方法，这样也更能符合学生的心意，更容易被学生接受。

最后，鼓励和支持学生有组织、合理地表达诉求。疏导就是要广开言路、集思广益，要广开言路，就必须创造条件，让学生把各种意见讲出来。学生可以通过广播、微博等合理地表达自己的诉求，尤其是大部分学生都共同反应的诉求，学校应该积极地与学生进行沟通。

2. 创造有利于疏导教育的人力物力条件

疏导教育法的顺利开展需要一定的物质基础，学校要为疏导教育法的开展提供良好的场所、给思政课提供合理的课程安排，为思政课提供新型的技术和设备。首先，学校需要为疏导教育法的运用提供固定的场所和固定的时间，方便高校大学生和高校教师间的交流与沟通；学校也要为疏导教育法的运用提供不固定的场所和时间，对于一些突发的疑难问题、矛盾尖锐的亟待解决的疑难问题能够灵活地处理。其次，学校需要为疏导教育法的运用安排相应的课程。每一个方法都有自己的理论知识，有自己的专门概念、范畴和术语，因此在操作之前需要对理论进行学习，了解疏导教育法的概念、表现方式、形成原因等。在对基本的疏导教育法有了了解后，教育者应更加深入地研究疏导教育理论，组成课题小组，在理论成功的前提下，加以实践，从而推进疏导教育的发展。学校要为疏导教育法的运用提供新的技术和设备。如今，几乎没有学生不接触电视、网络的，大部分学生都不能离开它们，更有甚者已经对它们产生了依赖，与各种传播媒介"为伴"已经成为学生生活与学习的不可缺少的方式。学校就是要利用现代学生的这种特点，顺应学生的爱好，在学生的爱好和习惯中推进疏导教育。

3. 创新疏导教育法的方式和载体

教育者需要对自己在实践中形成的疏导教育方式进行及时总结，提高对疏导教育的理解，有效地运用疏导教育法。教育者可以加强疏导教育知识和心理学知识的结合，了解高校学生的心理特点，从而跟学生进行更加有效的交流。教育者可以用马克思主义理论帮助学生形成高尚的思想道德情操、积极乐观的态度、革命探索的精神。教育者可以加强网络技术的运用，从而扩大疏导教育的应用平台，拓宽疏导教育的应用范围。随着社会经济的发展，传统的书信、面谈在教育中发挥的作用越来越受到限制，学生也不愿意接触，教育者应该在疏导教育法中加强对于新科技的应用，包括建立局域网络、开通思政课教师问答专线、手机短信温馨提醒等新科技手段。

二、言教结合身教

(一) 思政教育的言教

古希腊著名思想家亚里士多德（Aristotle）曾说过，品质的选择既离不开理智和思考，也离不开伦理品质，因为不论是好行为还是坏行为，都是思考和习惯结合的产物。而个体所接触或接受的理论、观点及社会所提倡的价值标准无疑对"思考"的内容及"思考"的结果产生着重要影响。也就是说，他人及社会中的各种言教对个体采取某种行为前的"思考"有着重要影响。言教不是简单地说话、写字，教育者的言教必须讲究艺术。在学校教育中，有很多为人师表的思政课教师对工作尽心尽职，对学生关怀备至，可是却没有真正重视对科学的教育方法进行探寻，对学生的接受心理的研究与观察也不是很重视，对于"单向灌输"十分痴迷，对"精诚所至，金石为开"的古训的了解存在错误，总喜欢了无休止的空洞说教、絮絮叨叨的机械重复，往往会造成相反的结果，得不到预期的教学效果，最后"苦口"欲碎，"婆心"见违，但受教育者却对其传授的内容毫无兴趣、置若罔闻。

（二）思政教育的身教

教育者的言教固然重要，但它与身教这两者之间并不是不分伯仲，而是身教重于言教，其主要的原因是对真理进行宣传的人能够对真理执行到什么程度，能够对人们对真理的相信程度起到决定性作用。思政教育中倘若教育者能够身先士卒地践行道德规范，那么受教育者非常容易在情感上与之产生共鸣，想要成为遵守道德、有美德的人的道德欲望也会因此得到强化，能够克服与其冲突的其他感情及欲望，从而引发遵守道德的实际行为，乃至长年累月自觉地实行道德，最终变成一个具有美德的人。

思政课教师的"尊严"其实就是在自己言谈举止、所作所为被同学们充分肯定的基础上树立起来的，在坚持真理、改正错误中树立起来的。一个没有学识的思政课教师，学生会轻视他，而一个品德不好的思政课教师，学生会鄙视他。在现实中，有个别教育者通常在面对受教育者的时候，以社会公认的、先进的做人规范来教导他们，而在自己的日常工作和生活中，则以自己所信奉或具有的做人规范做人，导致两种人格的形成。这是表里不一的表现，不仅难以让受教育者听其言、信其道，更会引起受教育者的反感。教育者应该要切记自己的每一个举动都是一面镜子，要想自己的"说"具有力量，一定要"做"得好，只有行为是正当的，其言语才能够具有说服力。行为超过了语言，语言才能做到掷地有声。当然，教育者的身教并不是要教育者逐个躬行自己的"所言"，而是自己的"所行"必须符合自己的"所言"，只有语言与行为相一致，人们才有可能真正地对你感到信服。

（三）言教与身教的关系

身教虽然重于言教，可是这并不意味着就可以不重视言教了。思政教育是做人的思想的工作，当受教育者出现各种各样的思想问题时，教育者必须先以言教为主要方式对其思想进行疏导和开通，使之晓之以理，克服心理障碍。所谓人言可畏、三人成虎也充分说明了"言"的重要性。言教与身教两者之间既有区别又有联系，是辩证统一的关系。

首先，身教不能脱离言教，对于身教来说，言教是其内涵、纲领及路标，而让受教育者相信其言教的内容是身教的目的。其次，言教不能脱离身教，身教是言教的释义、实践和行动，相对于言教来说，身教更加具体、生动、形象，甚至身教是对言教最生动、最逼真、最权威的解释，是一种无声的命令。

俗话说"运用之妙存乎于心"，掌握科学的方法对提高效果、达成目标，起着至关重要的作用。言教与身教作为思政教育的重要方法，如果能够运用得好，可以实现预期目标，提高受教育者的道德水平，如果运用得不好，不仅难以实现其目标，而且还会适得其反，产生负面作用和消极后果。所以教育者不仅仅应该做到言之有理，而且应该做到反躬自身、身体力行。在思政教育中也是同样，每一个受教育者对教育者也是要听其言、观其行的，只有教育者自己先做到言行合一，受教育者才会信其言、从其道，内化各种优良道德，做一个有美德的人。

（四）言教与身教有效结合的途径

思政教育工作者要做到言教与身教有效结合，必须做到以下几点。

首先，必须努力使自己成为学习和实践马克思主义、宣传和贯彻党的路线方针政策的模范。努力学习党的路线、方针及政策，对要其进行宣传，并且要对其身体力行，是思政教育工作者政治原则的表现，也是一项基本的工作职责。所以，教育者必须处处为群众利益着想，时刻保持与人民群众的血肉联系，同任何破坏党的路线方针政策的行为作斗争。同时，还要用党的路线方针政策教育群众，使之变为群众的自觉行动。

其次，思政教育工作者还必须严于律己，在社会生活的各个方面起表率作用。不论是端正党风也好，进行思想教育也好，领导干部和思政教育工作者都必须以身作则，成为群众的表率。身教在先，言教才会更具有信服力，言教与身教有效结合才更能达到预期的教育效果。

三、榜样教育法

（一）榜样教育法的定义

所谓榜样教育法，就是从全体中选择出在某方面相对优秀的个体，强调其先进思想和优秀事迹，借此对其他个体进行指导和教育。在德育教育中，榜样教育的作用是不容轻视的，它具有示范性、生动性和激励性等特征。教育者要想自己的教育获得更好的结果，就必须要对上述特征有充分的了解，将受教育者本身的积极性激发出来，并且对受教育者的潜能进行挖掘。在恰当的时间采用适度的榜样教育法，对于教育者的个性发展与个人素质的提高可以起到促进的作用。要想让个体身心发展的需要得到满足，对人文理念进行完善，以此让受教育者的综合素养得到提升是必不可少的。

（二）强化榜样教育法运用的途径

1. 完善榜样教育法在思政课中的运用

（1）践行社会主义核心价值观

社会主义核心价值观集中体现了社会主义中国的国家精神和当代中国人的"价值共识"，滋养于优秀的中国传统文化，批判继承西方价值观的优良成分。社会主义核心价值观在宏观上为榜样教育的发展提供了清晰明确的方向保证。

榜样教育要坚持选树多种类型的榜样。社会主义核心价值观蕴含着国家、社会、个人多层次的道德要求，高校榜样教育选择榜样应当坚持多样化，展现热爱祖国、奉献人民的爱国精神，自强不息、砥砺前行的奋斗精神，与时俱进、锐意进取的改革创新精神，辛勤劳动、创造未来的劳动精神。

（2）思政课教师要自觉成为时代榜样

首先，思政课教师要不断提升理论文化水平，用新思想对自己的头脑进行武装，坚定理想信念，增强综合素质。

其次，思政课教师要提高自身道德修养，以德服人、以德育人。思政课教师不仅要教给学生理论知识，更要培育学生优良的思想品德。思政课教师要严于律己，以自身高尚的道德情操对学生进行潜移默化地熏陶和影响。

2. 发挥大学生自我教育的作用

学校要净化校园网络环境，营造健康的网络学习榜样氛围。随着科技的快速发展，互联网已经全方位渗透到大学生的日常生活当中。大学生身处的校园环境不仅包括实体的校园环境，还包括虚拟的网络校园环境。目前，各大高校几乎都有内部的网络共享平台，比如官方网站、微博、微信公众号等。互联网传播的广泛性、快速性、盲目性等特点都对校园网络环境的健康度产生一定影响。学校要充分发挥互联网的积极作用，利用网络宣传正面典型的积极影响。

（1）提升对榜样的认同

首先，大学生要加深对榜样的深层认知。一方面，大学生要关注不同类型、不同层次的榜样群体，不同类型、层次的榜样闪耀着不同色彩的光芒。除了要学习和了解与自身联系密切的榜样群体，大学生也要加深对其他层次榜样的了解，接受多种榜样精神的熏陶，促进自身的全面发展。另一方面，大学生要通过多种途径全面、完整的认识榜样。媒体对榜样的宣传和报道往往是弘扬其主要的精神品质，大学生要深入挖掘榜样事迹和榜样行为，要不断提高判断是非的意识和能力，避免因为认知的片面性而产生对榜样的误解和扭曲。

其次，大学生要提升对榜样的认可。党和国家对榜样进行评选和表彰，是由于其对国家和人民作出了巨大的贡献。社会对榜样精神进行宣传和弘扬是因为其代表了社会主义核心价值观，代表了社会主流价值方向。榜样模范人物无私奉献、艰苦奋斗，促进了国家的富强和民族的振兴，是时代的楷模。大学生群体要对作出巨大贡献的人们给予鲜花和掌声，坚决反对攻击和侮辱。青年大学生要自觉避免不良文化思潮的影响，坚定社会主义理想信念，加强对榜样人物和榜样精神的认可度。

（2）用行动践行榜样精神

一方面，大学生要积极参与校内榜样教育实践活动。高校是榜样教育的主阵地，也是大学生成长和发展的主要平台。大学生要积极响应学校的号召，用行动支持榜样的宣传教育活动。积极参加校内榜样的评选和选拔活动，促进榜样选拔机制的民主性和透明化，发挥自身的主体性作用。支持和协助学校组织的榜样宣传活动，了解榜样事迹、学习榜样精神。尤其是党员学生干部要充分发挥示范引导作用，在学习生活中坚定理想信念，关心其他学生的生活与学习，并且在他们遇到困难的时候，为其提供帮助，成长为道德与品质都优秀并且乐于助人的学生榜样。

另一方面，大学生要乐于参加社会上的榜样实践活动，自觉在生活中发扬榜样精神。大学生不仅成长在高校环境中，更扎根于社会大环境中，是社会的一员。要积极响应国家号召，参与学习榜样的社会活动。积极响应国家政策，敢于到基层服务国家和人民，敢于在艰苦的环境中彰显自己的价值，大学生只有在奉献社会中才能真正实现自己的个人价值。

3. 形成尊重榜样和学习榜样的良好社会环境

（1）家庭教育中父母要做好榜样

家庭教育要注重家教。模仿是人的天性，榜样教育法更是依据人的模仿心理。家庭教育中父母要做好孩子的表率，担负起教育孩子的重任。上行下效，父母遵纪守法，孩子便不会罔顾法律；父母勤俭持家，孩子便不会铺张浪费；父母知书达理，孩子也会文明礼貌。父母应该用实际行动对孩子进行教育，让其能够践行社会主义核心价值观，并且引导他们热爱祖国、热爱人民，传播优秀中华民族传统美德。

（2）营造浓厚的校园榜样教育环境

学校榜样教育宣传要常态化、多样化。榜样教育法在高校思政教育中的运用应该在日常的校园活动中就有所体现，而不是仅仅体现在思政课上。榜样教育的各个环节应当在高校活动当中常规化。组织学生参与榜样的选树和宣传既可以营造良好的氛围，又可以增强大学生对榜样的心理认同感和崇拜感。常态化的学习宣传榜样活动可以促进榜样教育的入耳、入脑、入心，成为大学生自觉的实践活动。榜样教育活动要打破传统自上而下的宣传模式，发挥大学生的主动性和积极性。学校还要支持高校思政课堂实践活动、学生会社团的课外活动，鼓励实践教学。

（3）政府要健全学习榜样的激励机制

政府首先要做好榜样正当权益的保障机制。榜样人物最基本的权益必须受到社会和群众的尊重和维护，这也是对榜样最基本的尊敬。政府要做好榜样人物的权益保障，从制度上保护榜样的正当权利，从根本上给社会大众一剂"定心药"。政府还要做好榜样行为的奖励机制。如果学习者看到榜样主体因为榜样行为而受到表彰或奖励，那么他就认为自己也会得到奖励；如果看到榜样主体因为榜样行为而受到损害，那么就会认为自己也会受到损害。政府给予榜样行为的鼓励和奖励会成为一种积极的诱因，增加社会其他成员学习榜样行为的频率。

四、"融入式"实践教学方法

"融入式"思想政治工作坚持"以人为本"理念，注重潜移默化育人，切实开展高校第二思政课堂，鼓励实践教学，奉行因材施教原则，提升整体素养；利用人文关怀的养成融入，各种信息媒体的融入及思维水平训练的融入，在具体的实践教育工作中实现了显性和隐性的教育结合，同向联系与反向联系的结合，文化资源与教育资源的融合，以提高高校思想政治教学的实际效果，进一步开展高校的思政课的教育体制的革新。

（一）"融入式"实践教学

"融入式"思想政治理论课教学在原有的思想政治教学形式的前提下，利用人文精神培养的融入、信息技术教育的融入及创新精神的教育融入，构建了一种让大学生喜爱的生动有趣的思想政治教学方式。

1. 融入人文情怀培育

大学生的人文精神关系到人的情绪、生活态度和价值观各个层面，对于思政教育工作者而言，希望他们不但具有科学精神，而且具有良好的审美能力，还要具有优良的思想政治素养，学生的思想政治素养怎样，直接关系到国家的未来。人需要塑造灵魂，人文情怀融入思想政治工作，弥补了这一教育缺失。因此，要注重人文情怀的融入，探索思政教育的新模式。

2. 融入网络宣传媒体

网络技术强国的策略需要网络传媒把思政教育渗透其中。思想政治教学的新媒介必须同传统媒介融合，提高效率。现在微文化发展的速度很快，高校学生的选择面更大，假如仅把过去教学的内容和形式如法炮制，是不容易产生好的效果的，应当正确把握现代高校学生的思维和行为方式，从他们现有的生活找到有效的方法。

要接受大学生信息文化接收途径的新变化，积极参与创造网络电视、广播于一个整体的校内网络宣传新媒介，全面运用网络丰富的传输方法和科学的传媒技术，适应时代的需要，加强思政教育，建设校内新颖时尚的视听媒介生产和播放平台。加强他们的主人公意识，调动他们参与学校思想政治宣传教育工作的积极性。面对网络对当今思政教育的影响和挑战，高校应坚持教育与服务相结合，调动学生参与的积极性，推进网络宣传媒体的融入，充分利用毕博网站、QQ 练习等方式进行形式多样、喜闻乐见的思政教育。

（二）实践教学的经验总结

在高校思政课教师的带领下，这种"融入式"的教学旨在加强高校思政课堂教育、具体的实践教育、信息教育的密切联系，显示思想政治教学的政治性、情感性、灵活性，全面、切实贯彻提高高校学生的思想政治水平，让他们能够健康成长。

1. 坚持"以人为本"的理念

高校作为社会主流思想意识形态主阵地和先进思想传播的前哨，承担着革新和发展思想政治工作形式的重任。而"融入式"的思政教育体制改革的创新必须满足人的全面发展的要求，既需要立足高校实际，坚持"全员、全过程、全方位"运行机制，面向全体、基于专业、强化实践、贯彻始终，一切从大学生的实际出发，又需要强化对学生人文情怀与认知能力的培育，在育人核心理念上坚持"以人为本"。

2. 坚持因材施教的理念

大学生思政教育工作如果要获得实际效果，就要求这一学科的思政课教师能够改方法，因人施教，提高整体素养，创新思政教育思路，以提升"融入式"思想政治理论课的针对性。思政教育的对象是在校大学生，"融入式"思想政治理论课教学体系的创新需要面向全体大学生，运用不同的思政教育方式，因时、因地、因人而异，正视矛盾的特殊性。

首先，针对不同阶段的工作任务开展教育，分段培养。学生思想的多元化决定了思政教育不同阶段教育方式的多样性，学校可根据学生入学时间的不同，确定不同阶段的教育目的和计划。学期开始，帮助他们制定好发展规划，在课程教育体制方面必须表现分阶段教育的思想。思想政治理论课教学内容须与时俱进，不断丰富学生的基本理论知识，促进学生学业水平的提高和学习能力的提升。期间关心他们的心理卫生问题，重视心理辅导，妥善处理好他们在校期间的各种心理问题，指导工作的重心放在对他们的实际工作的养成方面，助力学生把知识转化为能力，进一步提升学生整体素养。必须做好他们的就业培训工作，协助他们制定人生和职业发展的规划，进一步引导毕业生树立正确的就业观、择业观和创业观，正确掌握社会环境对人才的不同需要，积极创造全面培养人才的新局面。其次，针对不同的对象进行分门别类的教育。在学校生活中，有关部门必须重视对困难家庭学生的照顾和帮助，特别是对那些单亲家庭的孩子要给予更多的关爱，对他们的心理阴影给予疏解，帮助其树立正确的世界观、人生观、价值观，使其以更加积极健康的心态融入集体，使思政教育工作更富人情味，进一步提升整体素养。

（三）实践教学模式的发展特色

"融入式"思政课程在实践教学中实现了显性与隐性结合、正向与反向联系，也是高校思政课程体制的革新和大胆的探索。

1. 隐性教育与显性教育相融合

"融入式"高校思政教育工作达到了这一过程的整合，使整个校园的物质环境、精神文化环境和学校组织的各种活动与思政教育本身内容有机结合，实现了显性与隐性教育的结合。高校通过改革之后，学校的面貌、校园环境和人文精神构成一个完整景观，对于学生思想政治素养的提升也起到了至关重要的作用。所以思政课教师全面分析了高校的自然条件对学生影响，不仅将它作为一种物质形态，而且从当时高校育人课程的一个方面进行研发，在实践教育过程中让外界条件同学校精神文化氛围相协调，进一步提高思想政治工作的针对性和实效性。

"融入式"高校思政教育十分重视对高校文化方面与思政课程有关的隐性教育。假如高校的外界条件是高校精心谋划的自然环境，属于隐性思政教育的组成部分，那么学校的组织和制度则是一种显性教育因素。"融入式"高校思想政治工作的隐性教育在于营造一种充满整个校园的人文气氛,文化和人的精神方面的校园文化才是它的核心,这种文化才能表现高校的个性和本质,也就是真正的校魂。所以,"融入式"思政课程开发的过程中,立足于人的文化和精神方面的总建构,并且同显性的思想政治工作有机结合,经过高校的各种活动实现有效的培养教育学生的目标。

2. 正向衔接与逆向衔接相融合

正向衔接,即按照时间的同一性,依照从以往到目前、从过去到现在的时间次序,达到高校思政教育的改革和创新目标。如果不懂得过去,也就没有理解现在,也不要说懂得将来,所以,"融入式"高校思政教育重视实践教育的关系,不管是基本概念,还是理念的阐释,都必须向学生解读历史环境及现在研究领域的成就,只有在了解以往的思政教育的基础上,才能在思政教育方面有所创新。然而,逆向衔接也能出奇制胜、效果显著。所谓逆向衔接就是指从现代思政教育过程中出现的各种现象和问题为出发点,回溯以往,深入探索当代思政教育工作思想根源和历史文化的关系,进而实现现代与历史的高度统一。"融入式"教育方法在具体运用的过程中,把正向的衔接和逆向的衔接高度统一,在实践中使高校学生感悟深厚的思想道德文化内容,对高校的思政课程教育体制的创新也是一种可贵的探索。

3. 文化资源与教育资源相融合

为实现文化的教育价值,将其文化资源以各种生动活泼、学生喜闻乐见的形式引入高校思想政治理论课教学实践中;在整合文化资源的基础上,遵循思政教育的特征和原则,根据时代变迁的要求赋予文化资源以时代意义,进一步实现文化资源与教育资源的融合;文化资源与教育资源相融合的过程,不是对文化的简单梳理和对教育的简单过渡,而是一种自然的转化过程。在教学实践过程中,充分尊重学生主体对文化继承的自觉性和能动性,帮助和引导他们在文化学习过程中与教育资源相结合,践行知行合一,提炼精品并推陈出新。

第四节 大学生思政教育中融入 VR 技术

一、VR 的概念

狭义的 VR 技术是指:VR 全称(Virtual Reality),其中文名字叫虚拟现实,指借助于电脑或者融入式设备模拟出虚拟世界，提供给用户视觉、听觉、嗅觉、触觉的真实体验感，让人身临其境，达到一种超模拟的效果。广义的 VR 技术不仅涵盖狭义的内容，主要是泛指一切与之有关的能够实现模拟仿真的软硬件，以及所使用的技术与方法，例如"人工现实""虚拟环境""赛伯空间"等。VR 技术借助人机交互，达到现实与虚拟空间的有机转换，使人沉浸于逼真环境之中，实现部分或全部此效果的技术统称为 VR 技术。

二、VR 技术应用于思政教学中的作用

（一）突破了时间和空间上的局限

高校思政教育教学，尤其是实践教学，往往受到时空限制、教学资源分配不均等诸多因素影响。VR 技术视域下高校思政教育教学对于打破时空限制，为更好地节约教学资源提供了可行方案。VR 技术的应用完全使学生置身于一个沉浸式 VR 世界中，在这个虚拟现实的世界中完全打破以往时空的束缚，可以使教师足不出户完成相应的教学任务。与以往传统的实践教学相比，VR 技术视域下的实践教学更加方便实效，有利于节约教学资源，并且能够使学生完全沉浸其中，接受逼真的教学信息。VR 技术的应用可以使教师在天津的课堂上带领学生参观南京中山陵的庄严肃穆，让学生对伟人肃然起敬；在北京领略泰山之巅的雄伟，让学生感受祖国山川景秀壮美；在河南接受井冈山红色文化教育，让学生接受革命文化的熏陶。VR 技术拥有强大的构想力、创造力、超现实力，远程虚拟现实强大功能，这就为打破时空限制、节约优化教学资源，为提高学生学习效率奠定了基础。

（二）丰富了教学内容，提高了教学效果

随着时代变迁、科学技术的飞速发展，VR 技术虚拟现实场景更加信息化、逼真化、人性化。教师通过 VR 技术虚拟书本上的人物事件，操控客户端，有重点、有计划、有目的地引导学生开展课堂教学。学生则完全可以通过 VR 设备与历史人物对话、参与历史事件。学生在虚拟现实的世界中以自然的方式与虚拟世界中的舞台进行交互，相互影响，从而产生身临其境的感受和体验。VR 技术的操作实施依附庞大数据库，学生在沉浸式 VR 情境中，可以通过 VR 设备自动检索大量信息，激发思维灵感，提高自身的动手动脑能力，大大提高思政教育教学的实效性，达到"思政+信息技术"的创新。同时，针对思政教育课程中含有的抽象、难以理解的内容，VR 技术还能够变抽象为具体，将枯燥乏味的理论知识转化为通俗易懂的文字图片，从而大大降低学生的理解难度，通过化文转图，可以有效降低思政课课堂单调性、乏味性，缓解学生视觉疲劳。

（三）提升了学生的学习兴趣

传统思政教育教学，老师主要采用的是讲授式，学生通过阅读和聆听来获取知识。这种获取知识的方式只调动了学生听觉和视觉功能，学生兴趣不大，很容易陷入疲劳状态。VR技术具有交互性、沉浸性和逼真性的特点，使思政教育的教学环境、教学方式和教学主体发生了新的变化，给学生带来视觉、听觉和触觉等感官的刺激，使枯燥无味、艰深难懂的教学内容生动化、可视化和具象化，产生一种身临其境的感觉，提升了学生学习的兴趣，提高了学生对思政教育的心理接受度。

（四）调动了学生的主观能动性

将VR技术应用于思政教育教学中具有明显的现实性。现在的学生大都从小开始接触互联网，对新技术和新媒体有一种亲切感，利用这种方式学习新知识，具有较好的效果，VR技术将"看不见"的理论转换成"看得见"的场景，正符合学生学习的心理。当今时代是一个创新者的时代，VR技术以创新思维和全新的视角，激发出思政教育活力，契合时代的发展需求，将真实的社会关系场景重现在屏幕之中，这让思政教育教学如虎添翼。充分发挥了学生学习的主动性。VR体验是一种新的教学形式，通过创设具体的教学情境，使学生虽身在学校，却能体会资源所提供的虚拟情境，具有趣味性和参与性，学习由单向传递转化为双向互动，用心学习变为身心并用，充分调动了学生学习的积极性。

三、VR在思政教育教学，的实施原则

（一）VR技术教学形式多样

在新媒体新技术大环境下，"互联网+教育"盛行其时，极其火热。VR融入高校思政课堂更是被大力提倡，实现技术与思政教育的高度融合，达到思政教学效果最大化的效果。在日益激烈的竞争环境中，诸多高校争相发力寻找自己的立足点，群策群力，搞科研、兴教育，打造独特的精品课程。高校在思政教育教学科研领域，注重立足现实，在创新中抓实效，在改革中探路径，在发展中谋生存。实现高校思政教育教学形式由单一化向多样化方向发展，采用丰富多彩，迎合学生求新创异心理，创新为深受学生欢迎的高校思政课程。如若长期地实施单一的高校思政教育教学模式，不仅会使教师产生懈怠心理、故步自封、难以创新，而且易于让学生产生厌倦心理、抵触情绪，大大降低了学生求知进取的积极性，长此以往对学生思政教育的发展将产生极大的负面影响。

（二）VR技术为思政内容服务

在高校思政教育教学过程中，将VR技术融入思政课堂，打破固有的高校思政教学弊端，在追求课堂教学实效性的基础上，进一步探索创新型课堂教学，寻求新时代下教学新形式。高校思政教育教学的初衷是内容为王、技术为用，应合理把控二者所占比重，防止舍本逐末，因小失大。教育的本质是灵魂的呼唤，而并非纯粹知识的灌输，思政教育更是如此，其教学目的与本质制约课程设置，故而何为本、何为用，将无需置疑。思政教育教学无论从其初衷还是实质而言，皆是追求教学实效性的最大化，时刻秉持"以人为本"，将教化与培养学生作为出发点、归宿点，其余都是配角。在思政教育堂上切忌盲目追求教学形式的新颖性、追求吸引广大学生眼球为目的，而过分夸大、凸显技术重要性，整节课以"机灌"为主，违背思政教育教学初衷。

（三）VR技术为思政课教师服务

《师说》中说："师者，所以传道授业解惑也。"教师的教书育人、解疑释惑的主体地位一直未曾动摇。然而，新媒体新技术的横空出世，其优越性逐渐被世人认可，甚至无限放大，更有甚者"技术代替教师"声音萦绕耳际，并有一部分学者对此深信不疑。究其原因所在，不难引起我们反思与重视。教师作为思政教育教学双主体之一，其重要性不言而喻，无可替代。VR融入高校思政教育教学，其利地引导、弊地规避，完全取决于教师，而非VR技术。"主体"与"渠道"二者关系的把控，在思政教育教学过程中所占比重，需要回归思政教育教学的目标与归宿。

四、VR技术在思政教学中的发展前景

（一）VR技术软件与硬件相结合

未来VR高校思政教室将打破传统三尺讲台教书育人模式，实现"互联网+教育"思政课堂教学模式。打造智能课堂、网络课堂，逐步实现思政教育教学由PC客户端向移动客户端转移，倾力打造全方位、全过程、全领域的精品高校思政教育教学。智能、科技、创新将是未来VR高校思政教室的设计理念追求，一改传统粉末灰尘铺天盖地的现状。VR高校思政教室拥有配套的考勤系统，相较传统教师费时、费力的点名方式，更具便捷、精准、高效等优势。VR高校思政教室将打破时空的束缚，实现零距离的网上课程教学，打破固有地域教学资源分布不均的现状，实现双一流高校、国外知名高校教学资源向普通专

职院校转移。未来的高校思政教室更具人性化设计理念，完全实现以"人为中心"，在课程设置安排上合理地平衡教师、学生、VR 技术三者之间的关系。

（二）探索研究沉浸式学习方式

思政教育文本已经从传统的书本延伸到互联网，如"学习强国"App、公众号、小程序及相关网站等扁平化媒介，这些新媒体较大地提升了思政教育实效性，但因其在小区域屏幕上进行信息传递，信息量大、翻页频率高，用户较难记忆。在课堂教学中，传统思想政治理论教育的教学形式单一，学生容易进入知识疲倦的接收状态，会直接影响学习效果。随着虚拟现实技术的普及，360°全景模式的学习场景逐渐被年轻人所接受。使用虚拟现实全景模式可以让用户沉浸在一个全封闭的环境中，在全景模式下，前后左右分别放置信息关联或者循序渐进的信息内容，用户在全景模式下会使注意力高度集中。使用虚拟现实头盔可以让学习者的两只眼睛关闭在密闭的虚拟现实盒子中，排除外界的干扰，有利于知识的传递和吸收，能够达到强化记忆的效果。营造思政教育的沉浸式学习环境是对传统教学环境的补充，可以提高学生学习注意力。

（三）VR 思政课教师素质与技术创新应用相结合

教师作为学生的领路人，要贯彻立德树人根本任务，不断与时俱进，练就过硬本领、提高政治信仰、增强自律意识。未来的 VR 思政课教师应具备以下几个方面素养：一是方向要正，思政课教师无论借助任何辅助技术应用于课堂教学，必须坚定正确的政治方向，用习近平新时代中国特色社会主义思想教育学生，坚决落实立德树人根本任务；二是意识要强，VR 技术是服务于高校思政课堂教学实施的一门应用型技术，其必然不能代替思政课教师的主导作用，思政课教师要树立正确意识观念，时刻把握好"VR+高校思政教育教学""度"的问题；三是落实要严，思政课教师要真学、真懂、真用 VR 技术，不断在技术使用、课件制作、效果反馈等方面，下功夫、追求实效，不断增强其自身使用 VR 技术创新意识、创新思维，时刻掌握辩证唯物主义和历史唯物主义两大法宝，学以致用解决 VR 课堂实际问题；四是借鉴要勤，思政课教师要不断借鉴其他学者、高校、部门 VR 技术成功经验，要不断借鉴相关前沿领域研究成果，不能闭门造车、故步自封，要与时俱进，时刻把握领域最前沿动态。

（四）挖掘 VR 交互性在思政教育教学中的应用

虚拟现实技术除了沉浸感和逼真感之外，还有良好的交互性，与思政教育的结合具有得天独厚的优越条件。虚拟现实设备分为专业设备和移动设备，专业设备均配备了交互设备，有交互手柄及其他特殊交互设备；移动设备通常使用手机屏幕触摸交互或者便携式VR眼镜进行屏幕凝视交互。在虚拟现实内容浏览过程中，实现媒体可交互效果，使用户主动动手操作，可以增加大脑兴奋度和提高大脑记忆效果。根据思政教育教学内容的逻辑，教师可在三维虚拟场景中设置多个交互对象，循序渐进，使用户进行游戏性探索，通过在场景中寻找物件获得知识，使用已获得的知识解锁新知识。此外，教师还可以把经典历史场景与思政教育相结合，融入学习主题，在课堂学习、知识普及宣传等多个渠道通过虚拟现实的形式进行游戏性内容植入，让教育教学从"以教师为中心"转变成"以学生为中心"，促使学生主动学习，思想接纳循序渐进，从而吸引更多的参与者和学习者，让学生从被动接受教育转变成主动引导自己接受教育。把被动转换成主动，可以很好地让思政教育理论更容易被掌握，成为新的辅助学习方式。多种感官的刺激，也使得思政课程变得更加有趣和生动。

（五）思政理论与 VR 技术相融合

未来 VR 思政教育课程将与时俱进，唱响新时代号角，成为学校倾力打造的精品智慧课程。VR 思政教育课程致力于"以学生为中心"，人性化育人，追求思政课程教学的时效性，真正达到"教"与"育"合二为一。VR 技术的虚拟现实性，打破了传统思政课教学模式，摒弃思政课固有弊端，实施沉浸式教学。以往"桃花源"仅仅呈现在书本上，活跃在学生的脑海里，现在却活灵活现地呈现在学生眼前。实现时空穿越已不是梦想而是现实，学生完全可以实现与"古人"对话，寓情于景，设身处地领略"桃花源"风光。学生和教师完全置身于虚拟空间中，切身感受 VR 设备模拟的气味、温度、气流等功能，实时模拟站、立、行、走，实现触摸和虚拟物体的反馈功能。另外，未来的 VR 思政课程已经不需要实体课堂，学生只需在宽敞、安全的空间，采用 VR 设备即可接受课程教学，可以实现足不出户接受 VR 思政课程，真正实现零距离尽知天下事。教师提前将制作好的VR 思政教育"课程数据"远程发送学生，就可以实现远程操控，陪伴学生畅游知识海洋，这样无疑解决了缺课同学的补课难题。

参考文献

［1］崔玉娟. 新时期高校思想政治教育教学与反思研究［M］. 长春：吉林大学出版社，2023. 01.

［2］段微晓. 高校思政课教学方法综述与课堂教学设计［M］. 济南：山东大学出版社，2023. 03.

［3］王春宝，张永越. 高校学生管理创新理念研究［M］. 北京：中国商务出版社，2023. 01.

［4］范福强. 高校思政教育与大学生择业的研究［M］. 延吉：延边大学出版社，2022. 03.

［5］姚雪兰. 新时期普通高校思政理论课教学方法与实践研究［M］. 延吉：延边大学出版社，2022. 09.

［6］张录平，付红梅. 大学生思想政治理论课实践教程［M］. 沈阳：辽宁人民出版社，2022. 09.

［7］侍旭. 新时代大学生价值观教育有效性分析与精准思政实践探索［M］. 北京：人民出版社，2022. 09.

［8］刘英侠. 新时代大学生廉洁教育研究［M］. 北京：社会科学文献出版社，2022. 09.

［9］何勇平，刘富胜. 新时代高校思想政治教育改革创新［M］. 成都：西南财经大学出版社，2022. 02.

［10］万明. 高校思想政治工作研究文库走近当代大学生有温度的思政教育［M］. 北京：人民出版社，2021. 09.

［11］王静. 全球治理人才培养背景下的思政教育体系建设［M］. 北京：中国商务出版社，2021. 06.

［12］姚丹，孙洪波. 高校教育信息化管理与学生管理工作［M］. 北京：中国纺织出版社，2021. 11.

［13］董仲磊. 新时代爱国主义教育融入思政课教学的互动性研究［M］. 天津：天津人民出版社，2021. 10.

[14] 郝学武. 高校思政工作视域下大学生志愿服务育人体系建设研究 [M]. 长春：吉林大学出版社，2020. 02.

[15] 陈金平. 多媒体时代高校的思政教育研究 [M]. 北京：北京工业大学出版社，2020. 04.

[16] 黄瑞宇. 新时代高校学生工作的创新研究与实践探索 [M]. 北京：中国政法大学出版社，2020. 09.

[17] 张锐，夏鑫. 大数据时代高校思政工作创新研究 [M]. 北京：北京工业大学出版社，2020. 07.

[18] 李振委，景熹. 新媒体传播与大学生思想政治教育及其途径创新 [M]. 成都：西南交通大学出版社，2020. 05.

[19] 秦艳姣. 全媒体环境下高校思政教育新探索 [M]. 北京：北京工业大学出版社，2020. 07.

[20] 张玲，赵鸣主. 新时代高校大学生思想政治工作体系构建与质量提升 [M]. 天津：南开大学出版社，2019. 12.

[21] 傅莹. 新媒体时代高校思政工作创新 [M]. 汕头：汕头大学出版社，2019. 01.

[22] 徐贵宝. 新生辅导员工作实践与思考 [M]. 北京：北京理工大学出版社，2019. 01.

[23] 向宜. 新媒体环境下高校思政教育 [M]. 沈阳：辽海出版社，2019. 01.

[24] 曹克亮. "生活教育，实践思政" 视角下高校学生谈心谈话理论与实务 [M]. 北京：中国农业出版社，2019. 11.

[25] 薛刚. 新时代高校思政工作理论与实践探索 [M]. 汕头：汕头大学出版社，2019. 01.

[26] 赵晨. 高校学生管理工作的创新研究 [M]. 长春：吉林出版集团股份有限公司，2019. 11.

[27] 张丹绮，高超. 全媒体时代下大学生思政教育创新探索 [M]. 长春：吉林出版集团股份有限公司，2019. 04.

[28] 王刚. 高校思政教育和生命教育的契合研究 [M]. 南昌：江西高校出版社，2019. 07.

[29] 任妍. 高校共青团思想政治工作的实践研究 [M]. 延吉：延边大学出版社，2019. 05.

[30] 张巧利. 新媒体环境下高校思想政治教育改革研究 [M]. 北京：中国纺织出版社，2019. 06.